私、切るだけ！ 鍋でホットクだけ！
毎日のホットクックレシピ

阪下千恵＊著

はじめに

忙しい毎日の救世主「ホットクック」。
私は自分の時間を捻出しようと、ホットクックを使い始めましたが、想像以上の便利さと出来栄えに、あっという間に我が家になくてはならない存在になりました。
料理の仕上がりを左右する、火加減、混ぜ加減が自動調整なので、家族の誰が作っても私が作るのとまったく同じ味に！ 長時間煮込む肉、魚、豆もやわらかくおいしいできあがりになります。そして火を消し忘れる心配もなくなって、何より安全です。ホットクックにおまかせ調理の間に、子供の迎え、集中して仕事と、時間が有効に使えるようになりました。

経験やコツがなくてもおいしい料理ができるのがホットクック。
もっとみんなで使いこなしたい！
味もバリエーションも増やしたい！
そんな思いでこの本を作りました。カレーやスープ、煮物だけではもったいないですよ。家庭料理の定番は、実はほとんどホットクックで作れます。
冷凍ミールキットを作っておけば、お留守番の家族にもまかせられます。
さあ、一緒にホットクックを使いこなしちゃいましょう！

料理研究家・栄養士　阪下千恵

| HOT COOK LESSON 1 | ホットクックについて知ろう | 8 |

本書の見方ときまり ……………………………………… 12

第1章　ホットクックにおまかせ！　毎日のおかず

鶏肉
- 鶏のトマト煮 …………………………………… 14
- ジューシー蒸し鶏 ……………………………… 15
- バターチキンカレー …………………………… 16
- 鶏の照り焼き風 ………………………………… 17
- 手羽元と大根の黒酢煮 ………………………… 18

豚肉
- 豚バラのルーローハン風 ……………………… 19
- ポークケチャップ炒め ………………………… 20
- 豚のしょうが焼き風 …………………………… 21
- 黒酢酢豚 ………………………………………… 22
- 豚肉と厚揚げのコチュジャンマヨ炒め ……… 23

牛肉
- ハッシュドビーフ ……………………………… 24
- ビビンバ風焼き肉＆ナムル …………………… 25
- 肉豆腐 …………………………………………… 26
- チンジャオロースー …………………………… 27
- 牛肉と大根の煮物 ……………………………… 28

ひき肉
- まるごとミートローフバーグ ………………… 29
- 肉シュウマイ …………………………………… 30
- つくね …………………………………………… 31
- まるごとロールキャベツ ……………………… 32

タコライスの素・・・・・・・・・・・・・・・・・・・・・・・・・・・・ 33

ネギそぼろ・・・・・・・・・・・・・・・・・・・・・・・・・・・・・・ 34

魚介

鮭と千切り野菜の白ワイン蒸し・・・・・・・・・・・・・ 35

エビチリ・・・・・・・・・・・・・・・・・・・・・・・・・・・・・・・ 36

エビのタイ風カレー・・・・・・・・・・・・・・・・・・・・・・ 37

ブリの照り焼き風・・・・・・・・・・・・・・・・・・・・・・・ 38

鮭のみそチーズ蒸し・・・・・・・・・・・・・・・・・・・・・ 39

金目鯛の煮付け・・・・・・・・・・・・・・・・・・・・・・・・ 40

真鯛のかぶら蒸し・・・・・・・・・・・・・・・・・・・・・・・ 41

カツオの角煮・・・・・・・・・・・・・・・・・・・・・・・・・・ 42

真鯛の香味蒸し・・・・・・・・・・・・・・・・・・・・・・・・ 43

野菜

里いもとイカの煮物・・・・・・・・・・・・・・・・・・・・・ 44

野菜とがんもの炊き合わせ・・・・・・・・・・・・・・・・ 45

具だくさんひじきの煮物・・・・・・・・・・・・・・・・・・ 46

なすの煮物・・・・・・・・・・・・・・・・・・・・・・・・・・・・ 47

まるごとピーマンと桜エビのごま油煮・・・・・・・・ 48

麻婆豆腐・・・・・・・・・・・・・・・・・・・・・・・・・・・・・ 49

れんこんとにんじんのきんぴら・・・・・・・・・・・・・ 50

カレー風味のポテトサラダ・・・・・・・・・・・・・・・・ 51

かぼちゃのそぼろ煮・・・・・・・・・・・・・・・・・・・・・ 52

さつまいもの煮物・・・・・・・・・・・・・・・・・・・・・・・ 53

スープ

ミネストローネ・・・・・・・・・・・・・・・・・・・・・・・・ 54

アサリの中華スープ・・・・・・・・・・・・・・・・・・・・・ 55

鮭と白菜の粕汁・・・・・・・・・・・・・・・・・・・・・・・・ 56

ほうれん草のあらつぶしポタージュ・・・・・・・・・・ 57

カリフラワーのポタージュ・・・・・・・・・・・・・・・・ 57

にんじんのあらつぶしポタージュ・・・・・・・・・・・・ 57

第2章 ホットクックで大活躍！ 自家製冷凍ミールキット

HOT COOK LESSON 2 買うより安い！とっても便利

自家製ミールキットを作ろう ………………………… 59

鶏のトマト＆デミグラスシチューキット ……………………………… 60
鶏とれんこんのマスタードソテーキット ……………………………… 61
豚薄切り肉＆パプリカの塩麹キット …………………………………… 62
和風マーボーなすキット ………………………………………………… 63
豚ヒレ肉のジェノベーゼ炒めキット …………………………………… 64
まるごとピーマンの肉詰め煮キット …………………………………… 65
ガパオライス風炒めキット ……………………………………………… 66
煮込みミニハンバーグキット …………………………………………… 67
具だくさん野菜スープキット …………………………………………… 68
豚汁キット ………………………………………………………………… 68

第3章 1週間のメニューをまとめて！ 作り置きレシピ

豚スペアリブのバーベキュー煮 ………………………………………… 70
オリジナルサラダチキン ………………………………………………… 71
煮豚 ………………………………………………………………………… 72
牛すき煮 …………………………………………………………………… 73
さんまのやわらか梅煮 …………………………………………………… 74
いわしのオイルサーディン ……………………………………………… 75
ラタトゥイユ ……………………………………………………………… 76
いなり揚げ ………………………………………………………………… 77

蒸し野菜ストックを作ろう！ ………………………………………… 78

蒸し野菜ストックをアレンジ
　キャベツのごまあえ …………………………………………………… 79
　温野菜のオーロラサラダ ……………………………………………… 79
　かぼちゃ＆にんじんのツナサラダ …………………………………… 79

豆の水煮を作ろう！ ……………………………………………… 80
豆の水煮ストックをアレンジ
　豆とセロリとアボカド＆グレープフルーツのマリネサラダ……… 81
　チリビーンズ……………………………………………………… 81
　大豆じゃこ……………………………………………………… 81

手作りあんこを作ろう！ ………………………………………… 82
手作りあんこをアレンジ
　白玉小豆寒天（あんみつ風）………………………………… 83
　あんバタートースト…………………………………………… 83

HOT COOK LESSON 3 ホットクックで作り置き！
　保存のコツをマスターしよう！ ……………………… 84
HOT COOK LESSON 4 日々のこんなシーンで活躍！
　ホットクックを使いこなそう！ ……………………… 84

第4章 楽しい集まりにぴったり！ ホットクックのとっておきレシピ

ローストビーフ………………………………………………………… 86
チーズフォンデュ……………………………………………………… 87
おおきなプリン………………………………………………………… 88
にんじん＆レーズン蒸しパン………………………………………… 89
バナナケーキ…………………………………………………………… 90
チーズケーキ…………………………………………………………… 91

困ったときのQ&A ……………………………………………… 92

素材別索引…………………………………………………………… 93

ホットクックについて知ろう

ホットクックが得意なことはコレ！

便利な機能がたくさんあるホットクック。でも使いこなせなければ意味がありません。
代表的なホットクックができることはこちら。

☑ 基本材料を入れたら スイッチ押すだけ！

材料を切ったり、下準備が終わったら、スイッチをON！ 本当にこれだけで、おいしいお料理ができあがります。ホットクックは、火加減の調整はもちろん、メニューに合わせて食材を混ぜてくれるので、煮物から炒め物、蒸し物までいろいろなジャンルが作れます。毎日の献立を考えるのが楽しくなりそう。

☑「自動調理メニュー」で何でも作れちゃう！

「自動調理メニュー」にキーが登録されていて、スイッチを押すだけで作りたい料理に適した「火加減・混ぜる」をやってくれます。例えば肉じゃがを作りたいなら「肉じゃが」キー、さばのみそ煮なら「さばのみそ煮」キーを押すだけ。しかしそのキーで他の料理もいろいろ作れるのが最大の魅力。例えばP.14の鶏のトマト煮は、「肉じゃが」キーで、P.17の鶏の照り焼き風は「さばのみそ煮」キーで作れるのです。

☑ 途中でお鍋をあけて 味を確認できる！

調理中でも一時停止を押せば蓋をあけて鍋の中を確認できます。味見はもちろん、あとから食材や調味料を追加することが可能！ありそうでなかったとても便利な機能です。あけるときは湯気が熱いので気をつけてください。

ホットクックはこんなことだってできちゃうんです！

☑ 炒め物や スイーツも得意です

ホットクックが得意なのは煮物系をはじめ、カレーやシチュー、スープなどですが、実は「炒め物」や「スイーツ」も作れます。毎日の献立のバリエーションもホットクック一台でとても広がります。

☑ 食材の栄養素を最大限に活かす！ 無水調理

無水調理は野菜やお肉から出る水分のみを利用して作る調理法です。無水で作れば食材の栄養素がギュッと濃縮されとてもおいしいく仕上がり、食材本来の味が楽しめます。

本書ではこんな使い方も提案！

☑ 作り置きして毎日をもっとラクに！

ホットクックで作った料理を冷蔵・冷凍保存。週末に食材を買い込んで、お弁当のストックや毎日のごはんを作ってしまう、なんてこともできます。

☑ 解凍もホットクックにおまかせ

第2章で冷凍したミールキットは、ホットクックでかんたんに解凍調理できます。ホットクックが自動で火加減などを調整し、解凍・調理をしてくれます。

➡ P.59へ **GO!**

応用のきく4つの自動調理メニューキーでレパートリーを広げよう！

たくさんある自動調理メニューの中でも使い勝手のよい4つのキーがこちら。
本書ではこの4つのキーでいろいろな料理を提案しています。

短い時間で煮る・炒める

20分　さばのみそ煮キー
混ぜずに煮るときは…

豚のしょうが焼き風 ➡ P.21 へ GO!

20分　回鍋肉キー　まぜ技ユニット
混ぜて煮る・炒めるときは…

チンジャオロースー ➡ P.27 へ GO!

同じキーで本書では
- P.17　鶏の照り焼き風
- P.20　ポークケチャップ炒め
- P.26　肉豆腐
- P.31　つくね
- P.35　鮭の千切り野菜の白ワイン蒸し
- P.38　ブリの照り焼き風
- P.52　かぼちゃのそぼろ煮　を作ります！

同じキーで本書では
- P.22　黒酢酢豚
- P.23　豚肉と厚揚げのコチュジャンマヨ炒め
- P.33　タコライスの素
- P.34　ネギそぼろ
- P.50　れんこんとにんじんのきんぴら
- P.61　鶏とれんこんのマスタードソテーキット　を作ります！

長めの時間で煮る

30分　白菜と豚バラの重ね煮キー
混ぜずに煮るときは…

まるごとミートローフ ➡ P.29 へ GO!

35分　肉じゃがキー　まぜ技ユニット
混ぜて煮るときは…

鶏のトマト煮 ➡ P.14 へ GO!

同じキーで本書では
- P.65　まるごとピーマンの肉詰め煮キット
- P.67　煮込みミニハンバーグキット　を作ります！

同じキーで本書では
- P.18　手羽元と大根の黒酢煮
- P.28　牛肉と大根の煮物
- P.37　エビのタイ風カレー
- P.44　里いもとイカの煮物
- P.46　具だくさんひじきの煮物　を作ります！

HOT COOK LESSON 1

他にも使いやすい自動調理メニューキーはコレ！

P.10で紹介した他にも使いやすいキーを紹介します。
こちらもぜひ参考にしてみてください。

 ### 短い〜長めの時間で煮込む　　　　　蒸す

具だくさんみそ汁キー
25分　適度に混ぜて煮るときは… （まぜ技ユニット）

ミネストローネ ➡ P.54 へ **GO!**

ビーフカレーキー
45分　混ぜながら煮込むときは… （まぜ技ユニット）

豚バラのルーローハン風 ➡ P.19 へ **GO!**

茶わん蒸しキー
20分　蒸し板を使って蒸すときは… （蒸し板）

真鯛のかぶら蒸し ➡ P.41 へ **GO!**

※ HW10Eには茶わん蒸しキーがありません。蒸しトレイを使うレシピの場合は、**手動 ▷ 蒸す ▷ 10〜15分** で様子を見ながら加熱してください。

 ### じっくり長い時間で煮込む

さんまの骨までやわらか煮キー
2時間30分　骨まで食べられるほどじっくり煮込むときは…

いわしのオイルサーディン風 ➡ P.75 へ **GO!**

豚の角煮キー
1時間35分　肉がホロホロになるくらい煮込むときは…

煮豚 ➡ P.72 へ **GO!**

※ HW10Eには豚の角煮キーがありません。**手動 ▷ 煮物を作る（まぜない）▷ 1時間30分** で様子を見ながら加熱してください。

プロの味が再現できる

ホットクックには、P.10〜11で紹介した自動調理メニューキーがあらかじめ設定されています。本書掲載のレシピのほとんどは、これらのキーを使って考えられているので、ボタンを押すだけで、本書と同じプロの味が再現できます。

本書の見方ときまり

本書で使用している自動調理メニューの設定キーは <mark>KN-HW16E が基準</mark>となりますが、掲載のレシピは <mark>1.6L タイプ、2.4L タイプのすべてのホットクックで作ることができます</mark>（※）。詳しくは、レシピページ掲載の対応表を参考に、お手持ちのホットクックを操作してください。また、レシピページのアイコンなどの見方は下記の通りです。

※食材の水分量や種類の違いなどで、機種により多少仕上がりが異なる場合があります。また、<mark>HW10E を使用する場合は、材料の分量を 1〜2 人分にし、HW16E の作り方を参考に様子を見ながら加熱してください。</mark>

A アイコン

 このアイコンがあるレシピは、ホットクックにまぜ技ユニットを設置してください。

 このアイコンは素材を冷凍して作る冷凍ミールキットについています。

 このアイコンがあるレシピは、ホットクックに蒸し板を設置してください。
※ HW10E は蒸しトレイ

 このアイコンは作り置きにも適しているレシピです。

B 対応表

＊表の一番上の黄部分は、<mark>KN-HW タイプでの操作方法を記載しています。</mark>

それ以外の機種も手順を載せているので、お手持ちのホットクックに合わせて使用してください。具体的なメニュー名が表示される機種については、初期画面から表の手順でメニュー名を選びます。数字で設定されている機種については、該当機種の操作方法に従い入力してください。調理時間はおおよその目安です。食材の分量や温度によって変わります。

C 自動調理メニュー

このレシピでどの自動調理メニューキーを使うかを表記しています（KN-HW16E の場合で表記）。

本書のきまり

- 小さじ 1 は 5ml、大さじ 1 は 15ml、1 カップは 200ml です。
- 調味料は特に記載がない場合を除き、しょうゆは濃い口しょうゆ、砂糖は上白糖、酒は日本酒、オリーブ油はエクストラバージンオイル、バターは有塩バター、パン粉はドライパン粉、生クリームは動物性で乳脂肪分 42％のものを使用しています。
- だし汁は削り節や煮干しなどでとったものを使用していますが、手軽な「だしパック」や「顆粒だし」を使用しても OK です。お好みのものを使用してください。
- レシピページに表示してある冷蔵・冷凍の保存期間はあくまでも目安です。季節やご家庭の保存状況によって異なりますので、食べるときに必ず確認してください。
- 電子レンジで温め直したり、解凍する場合（100〜200W に設定するか、解凍機能を使用）は、耐熱容器やラップなどを使って、最初は短めの時間で設定し、様子を見ながら行ってください。

※自動調理メニューで表示している調理時間は標準時間ですが、本書では食材の種類や量、初期温度を変更しているため、表示時間通りではない場合があります。また手動メニューでは鍋内の温度が一定になってからの加熱時間を設定します。

ホットクックの機種について

ホットクックは大きく分けて現在下記 3 種類があります。
容量の差など機種によってできることが変わるので、ご自身の用途に合わせて選んでください。

KN-HW10E 容量：1.0L

1〜2 人用。コンパクトでもちゃんとかき混ぜ機能つき。蒸しトレイをセットすれば、上下 2 段調理が可能です。

KN-HW16E 容量：1.6L

2〜4 人用。本書でメインに使用したホットクック。幅広い年齢層のご家庭にマッチする大きさ。家事の時短に活躍。

KN-HW24E 容量：2.4L

2〜6 人用。大人数のご家族や作り置きを作っておきたい人には最適の大きさ。

ホットクックの詳しい使い方は取扱説明書またはオフィシャルサイトをご覧ください。　https://jp.sharp/hotcook/

第1章

ホットクックにおまかせ！
毎日のおかず

煮込み料理はもちろん炒め物など、さまざまな料理を作ることができるホットクック。この章では、ホットクックに設定されている自動調理メニューキーを使用して作れるおかずをたくさん集めました。定番の煮込み料理から炒め物、副菜まで盛りだくさん。肉、魚介、野菜などの素材別で掲載しているので、冷蔵庫にある食材と本書を照らしながら作りたいごはんを決めてもいいですね。

トマトのうま味が鶏肉に染み込む一品。
日々の食卓を彩る料理をホットクックでかんたんに。

鶏のトマト煮

鍋に材料を入れるまで **5** 分

メニュー▷カテゴリー▷煮物▷肉▷肉じゃが (35分)	
HT24B	自動▷煮物2-1
HT99B/HT16E	自動▷煮物2-1
HT99A	自動▷煮物1-1

材料　4人分

鶏もも肉	2枚
ピーマン	2個
玉ねぎ	1/2個
塩・こしょう	各少々

A
- トマト水煮 ……… 1/2カップ
- にんにく（みじん切り）……… 1片分
- 白ワイン（または酒）……… 大さじ1
- オリーブ油 ……… 大さじ1/2
- ドライバジル ……… 小さじ1/2
- 塩 ……… 少々

粗びき黒こしょう・
粉チーズ（各お好みで）……… 適量

作り方

1. 鶏肉は5～6cm角に切り、塩・こしょうをやや強めにする。ピーマンは縦4等分に切り、玉ねぎは8mm幅の薄切りにする。
2. 内鍋にAを入れて1を加える。

スイッチON 自動調理メニュー「肉じゃが」で加熱する。

完成！ お好みで粗びき黒こしょう、粉チーズをふる。

point！ Aの塩は控えめにし、加熱後味見して足りないようなら足しましょう。

毎日のおかず 鶏肉

蒸し汁を使ったタレが絶品！ジューシーな鶏肉と
シャキシャキ野菜との相性もバツグンです！

ジューシー蒸し鶏

鍋に材料を入れるまで **5**分

メニュー▷カテゴリー▷煮物▷魚介▷さばのみそ煮(20分)	
HT24B	自動▷煮物2－10
HT99B/HT16E	自動▷煮物2－10
HT99A	自動▷煮物1－9

材料　4人分

- 鶏もも肉……………………… 2枚
- 長ネギ（青い部分）………… 1/2本分
- 塩・こしょう………………… 各少々
- 酒……………………………… 大さじ3
- A
  - 長ネギ（みじん切り）…… 1/3本分
  - しょうゆ・酢……………… 各大さじ3
  - 鶏の蒸し汁（作り方3参照）… 大さじ2
  - 砂糖………………………… 大さじ1
  - ごま油……………………… 大さじ1/2
- レタス・キュウリ（各千切り）… 各適量
- ラー油（お好みで）………………… 適量

作り方

1. 鶏肉は厚いところを包丁で切り開き、塩・こしょうをする。長ネギは斜め切りにする。
2. 鶏肉を皮目を下にしてホットクックの内鍋にできるだけ重ならないように並べ、酒をかける。肉が重なるところには、長ネギをはさんでくっつかないようにする。

スイッチON▶ 自動調理メニュー「さばのみそ煮」で加熱する。

3. 火が通ったら、汁につけたまま冷ます（蒸し汁は使うので取り置く）。

 キュウリ、レタスをのせた器に、1.5cm幅にそぎ切りにした 3 を盛り付け、混ぜ合わせた A、お好みでラー油をかける。

 加熱が終わったら、一度蓋を開け、肉の厚い部分に竹串を刺してみて出てくる汁が赤い時は加熱延長10分で様子を見ましょう。

作り置き

スイッチONで本格的なスパイスカレーのできあがり。
ローリエは月桂樹、ベイリーフともいい、肉の臭み消しになります。

バターチキンカレー

保存期間：冷蔵2～3日
　　　　　冷凍約2週間

鍋に材料を入れるまで　**10**分		
メニュー▷カテゴリー▷カレー・シチュー▷ビーフカレー (45分)		
HT24B	自動▷カレー・スープ1-2	
HT99B/HT16E	自動▷カレー・スープ1-2	
HT99A	自動▷煮物1-15	

材料　4人分

鶏もも肉	2枚
玉ねぎ	1・1/2個
A　プレーンヨーグルト	1/2カップ
トマト水煮	1/2カップ
生クリーム（または牛乳）	1/3カップ
バター	50g
カレー粉	大さじ3・1/2
アーモンドパウダー（または白すりごま）	大さじ1・1/2
塩	小さじ1・1/2
しょうが（すりおろし）	小さじ1
にんにく（すりおろし）	小さじ1/2
ローリエ（お好みで）	2枚
ごはん	適量
パプリカパウダー（お好みで）	少々

作り方

1 鶏肉は皮と脂を除いて2cm角に切り、玉ねぎは粗みじん切りにする。

2 内鍋にAと1を入れて混ぜ合わせる。

スイッチON　自動調理メニュー「**ビーフカレー**」で加熱する。

完成！　器にごはんとカレーを盛り付け、お好みでパプリカパウダーをふる。

 塩の分量は野菜の量などでも変わってくるので、最初は少なめに入れ、加熱後に味を見て調節するとよいでしょう。しょうがとにんにくはチューブタイプを使ってもOKです。

毎日のおかず　鶏肉

最後に煮汁を絡めるのがポイント。
よりいっそう照り焼きらしさに磨きがかかります。

鶏の照り焼き風

鍋に材料を入れるまで 5分		
メニュー▷カテゴリー▷煮物▷魚介▷さばのみそ煮(20分)		
HT24B	自動▷煮物2-10	
HT99B/HT16E	自動▷煮物2-10	
HT99A	自動▷煮物1-9	

材料　4人分

- 鶏もも肉 … 2枚
- 長ネギ … 1/4本
- 薄力粉 … 適量
- A
  - しょうゆ … 大さじ3
  - 砂糖 … 大さじ1・1/2
  - 酒 … 大さじ1
- 青じそ … 適量

作り方

1. 鶏肉は包丁で厚みを切り開いて平らにし、薄力粉を全体にまぶす。長ネギは4cmのぶつ切りにする。
2. 内鍋に混ぜ合わせたAを半分程度入れる。
3. 鶏肉の皮目を下にして並べ、重ならないようできるだけ広げる。空いているところに長ネギを入れる。残りのAをかけ、オーブンシートで落とし蓋をする。

スイッチON　自動調理メニュー「さばのみそ煮」で加熱する。

内鍋を取り出し、鶏肉全体に煮汁を絡め、そのまま粗熱を取る。

完成！　器に青じそを敷き、鶏肉は食べやすく切り分けて長ネギと一緒に盛り付ける。

point！　加熱後、スプーンで鶏肉全体に煮汁をまわしかけ、よく絡めるのがコツ。長ネギは分量以上入れると水っぽくなるので注意しましょう。

食材にうま味がグッと染みわたる。
黒酢の香りに思わず手が伸びてしまう一品です。

手羽元と大根の黒酢煮

鍋に材料を入れるまで **7**分		
メニュー▷カテゴリー▷煮物▷肉▷肉じゃが(35分)		
HT24B	自動▷煮物2-1	
HT99B/HT16E	自動▷煮物2-1	
HT99A	自動▷煮物1-1	

材料　4人分

鶏手羽元	8本
大根	1/3本
しょうが	1片
A　しょうゆ	大さじ4
砂糖・黒酢（または酢）・酒・みりん	各大さじ3
ごま油	小さじ1
顆粒和風だし	小さじ1
小ねぎ（小口切り・お好みで）	適量

作り方

1. 鶏手羽元は骨に沿って切り込みを入れる。大根は皮をむいて1.5cm程度の厚さの半月切り（またはいちょう切り）にし、しょうがは千切りにする。
2. 内鍋に **1** と A を入れる。

 自動調理メニュー「**肉じゃが**」で加熱する。

 お好みで小ねぎを散らす。

point! 鶏手羽元は骨に沿って切り込みを入れると味が染みやすくなり、火の通りも早くなります。加熱が終わっても大根がかたいときは、加熱延長10分で様子を見ましょう。

オイスターソースと五香粉はなくても作れますが、入れると本格的な味に仕上がります。

豚バラの
ルーローハン風

鍋に材料を入れるまで **5** 分（卵のゆで時間は含まない）

メニュー ▷ カテゴリー ▷ カレー・シチュー ▷ ビーフカレー (45分)	
HT24B	自動 ▷ カレー・スープ 1 - 2
HT99B/HT16E	自動 ▷ カレー・スープ 1 - 2
HT99A	自動 ▷ 煮物 1 - 15

毎日のおかず／豚肉

材料　4人分

豚バラ肉（塊・または薄切り肉）	400g
玉ねぎ	1/4個
卵	4個
にんにく	1片
A 酒・水	各1/4カップ
しょうゆ	大さじ4
砂糖	大さじ3
オイスターソース（お好みで）	大さじ1/2
五香粉（粉末・お好みで）	少々
ごはん・ゆでた青菜	各適量

まぜ技ユニット

作り方

1. 湯を沸騰させた鍋に冷蔵庫から出した卵を入れて9分ゆで、冷水にとって皮をむき、ゆで卵を作っておく。※ホットクックで作ってもOK!
2. 豚肉は約1cm×3cmの大きさに切り、玉ねぎは約1cm角に切る。にんにくは半分に切り、芯を除く。
3. 内鍋に2とAを入れる。
スイッチON 自動調理メニュー「ビーフカレー」で加熱する。
4. 加熱終了後、1を入れてさらに加熱延長4分。そのまましばらく置いて味が染み込むのを待つ。

 器にごはんと一緒に盛り付け、お好みでゆでた青菜ものせる。

子供も大人も親しみやすく人気のレシピと言えばこれ！
ホットクックなら洋風の炒め煮もかんたんに。

ポークケチャップ炒め

鍋に材料を入れるまで **7分**

メニュー▷カテゴリー▷煮物▷魚介▷さばのみそ煮(20分)	
HT24B	自動▷煮物 2 − 10
HT99B/HT16E	自動▷煮物 2 − 10
HT99A	自動▷煮物 1 − 9

材料　4人分

豚しょうが焼き用肉……… 8〜12枚
（または豚ロース薄切り肉 300g）
玉ねぎ……………………… 1/2個
さやいんげん……………… 6本
塩・こしょう・薄力粉…… 各適量
バター……………………… 5g
A ┌ トマトケチャップ …… 1/2カップ
　├ 白ワイン（または酒）…… 大さじ3
　├ ウスターソース ……… 大さじ1
　└ にんにく（みじん切り）……… 1片分
パセリ（みじん切り・お好みで）…… 適量

作り方

1. 豚肉に塩・こしょう、薄力粉をまぶす。玉ねぎは薄切り、さやいんげんは1本を3等分に切る。
2. 内鍋にバター、玉ねぎ、さやいんげん、豚肉の順に平たく広げて並べ、Aを加える。肉はできるだけ重ならないようにし、重なる部分には野菜をはさむ。

スイッチON　自動調理メニュー「さばのみそ煮」で加熱する。

加熱終了後、軽く混ぜる。

完成！ お好みでパセリをふる。

| 鍋に材料を入れるまで 5 分 |

メニュー▷カテゴリー▷魚介▷さばのみそ煮(20分)	
HT24B	自動▷煮物2-10
HT99B/HT16E	自動▷煮物2-10
HT99A	自動▷煮物1-9

毎日のおかず　豚肉

定番メニューもホットクックにおまかせ。
玉ねぎの量と重ね方がポイントです。

豚のしょうが焼き風

材料　3～4人分

- 豚しょうが焼き用肉（ロース、肩ロース）
  ……… 8枚（約300g）
- 玉ねぎ ……… 1/4個
- 薄力粉 ……… 大さじ1・1/2
- A
  - しょうゆ ……… 大さじ3
  - みりん ……… 大さじ2
  - 砂糖 ……… 大さじ1～1・1/2
  - 酒 ……… 大さじ1
  - しょうが（すりおろし）
    ……… 大さじ1/2～2/3
- キャベツ（千切り）・キュウリ（斜め薄切り）・トマト（くし形切り） ……… 各適量

作り方

1. 豚肉は筋の部分に、包丁で3～4か所切り込みを入れ、薄く薄力粉をまぶす。玉ねぎは5mm厚さの薄切りにする。
2. 内鍋に1を並べる。肉が重なり合うところには玉ねぎをはさみ、Aを入れる。

スイッチON 自動調理メニュー「さばのみそ煮」で加熱する。

加熱終了後、汁を全体に絡める。

完成！ 器に盛り付け、キャベツ、キュウリ、トマトを添える。

 point！
玉ねぎは増やしすぎると水分が出すぎて味が薄まってしまうので注意。肉が重なるとくっついてしまうので、間にはさんで防止します。

失敗しがちなとろみづけも、豚肉に片栗粉を
まぶすだけでちょうどいい加減に仕上がります。

黒酢酢豚

鍋に材料を入れるまで **8** 分

メニュー▷カテゴリー▷**煮物**▷**肉**▷**回鍋肉 (20分)**	
HT24B	自動▷煮物 2 − 13
HT99B/HT16E	自動▷煮物 2 − 13
HT99A	自動▷煮物 1 − 20

材料　4人分

まぜ技ユニット

豚ロース肉（厚切り・または豚ヒレ肉）
　……………………………… 350g
玉ねぎ……………………………… 2/3 個
ピーマン…………………………… 2 個
にんじん…………………………… 1/3 本
塩・こしょう……………………… 各少々
片栗粉……………………… 大さじ 1・1/3

A
- 砂糖・黒酢（または酢）・しょうゆ
　……………………………… 各大さじ 3
- トマトケチャップ …… 大さじ 1・1/2
- ごま油 …………………… 大さじ 1
- 酒 ………………………… 大さじ 1/2
- しょうが（すりおろし）…… 小さじ 1

作り方

1. 豚肉は 4cm 四方に切り、塩・こしょう、片栗粉をまぶす。玉ねぎはくし形切りにしてばらばらにほぐし、ピーマンは大きめの乱切り、にんじんは小さめの乱切りにする。
2. 内鍋に **1** を入れて **A** を加える。

スイッチON　自動調理メニュー「回鍋肉」で加熱する。

 point ピーマンなど火が通りやすい野菜は大きめに、かたいにんじんは小さめに切ることで加熱ムラがなくなります。

コチュジャンとマヨネーズの組み合わせが絶妙。
フライパンで炒めるより手軽！

豚肉と厚揚げのコチュジャンマヨ炒め

毎日のおかず／豚肉

鍋に材料を入れるまで **5分**

メニュー▷カテゴリー▷煮物▷肉▷回鍋肉（20分）	
HT24B	自動▷煮物2−13
HT99B/HT16E	自動▷煮物2−13
HT99A	自動▷煮物1−20

材料 4人分

- 豚薄切り肉（肩ロースまたはバラ）…200g
- 厚揚げ……………… 250g（1パック）
- 長ネギ……………………………… 1本
- A
  - コチュジャン ………… 大さじ2
  - しょうゆ・酒・マヨネーズ
    ………………………… 各大さじ1
  - ごま油 ………………… 小さじ1
  - にんにく（すりおろし）… 小さじ1/4

作り方

1. 豚肉は4cm長さに切る。厚揚げは1.5cm幅の4cm四方に切り、長ネギは斜め薄切りにする。
2. 内鍋に**1**を入れて**A**を加える。
   スイッチON 自動調理メニュー「回鍋肉」で加熱する。

point! 厚揚げは煮崩れしづらいように、手で持ったときにしっかりとしていて形が崩れない、かためのものを使うのがコツです！

作り置き

何日間も煮込んだようなコクがあっという間。
ホットクックがしっかり煮込んでくれます。

ハッシュドビーフ

保存期間：冷蔵 2～3 日
冷凍約 2 週間

鍋に材料を入れるまで **5** 分

メニュー▷カテゴリー▷カレー・シチュー▷ビーフカレー (45分)	
HT24B	自動▷カレー・スープ 1－2
HT99B/HT16E	自動▷カレー・スープ 1－2
HT99A	自動▷煮物 1－15

材料　4人分　（まぜ技ユニット）

- 牛薄切り肉（または切り落とし）……… 400g
- 玉ねぎ……………………… 2/3 個
- マッシュルーム…………… 4 個
- 塩・粗びき黒こしょう……… 各少々
- 薄力粉……………………… 大さじ 1・1/2
- 生クリーム（お好みで）…… 大さじ 2
- A
  - デミグラスソース…… 1 缶 (290g)
  - にんにく（みじん切り）……… 1 片分
  - トマトケチャップ……… 大さじ 2
  - バター……………………… 15g
  - 赤ワイン（または酒）……… 大さじ 1
  - 固形コンソメスープの素 … 1/4 個
  - ローリエ（お好みで）……… 2 枚
- ごはん……………………… 適量
- パセリ（みじん切り・お好みで）…… 少々

作り方

1. 牛肉は 4cm 幅に切り、塩・粗びき黒こしょうを多めにふり、薄力粉をまぶす。玉ねぎ、マッシュルームは薄切りにする。
2. 内鍋に 1 を入れて A を加える。
   スイッチON 自動調理メニュー「ビーフカレー」で加熱する。
3. 加熱終了後、生クリームを加えて混ぜ合わせる。

完成！ 器にごはんと一緒に盛り付け、お好みでパセリをふる。

 point！ 冷凍で約 2 週間保存できるので、作り置きするのもおすすめです。

材料	4人分
牛薄切り肉（または切り落とし）	400g
大豆もやし	1袋
にんじん	1/4本
さやいんげん	8本
焼き肉のタレ	大さじ4
コチュジャン	大さじ1
A ごま油	大さじ1・1/2
鶏がらスープの素	小さじ1
塩・こしょう	各少々
ごはん・温泉卵	各適量
コチュジャン（お好みで）	適量

毎日のおかず　牛肉

作り方

1 にんじんは千切り、さやいんげんは長さを2〜3等分に切り、牛肉は4〜5cm幅に切る。

2 内鍋に牛肉を入れ、焼き肉のタレとコチュジャンをかける。

スイッチON 手動「炒める」で5分加熱する。　　まずは 肉 を調理！

3 加熱終了後、牛肉を汁ごと取り出す。そのまま内鍋ににんじんとさやいんげん、大豆もやしを入れる。

スイッチON 手動「炒める」で5分加熱する。　　次に 野菜 を調理！

4 加熱終了後、3を取り出す。水気が出たら水分をきってAを加えて和える。

完成！ 器にごはんを盛り、牛肉と4をのせる。温泉卵、お好みでコチュジャンをのせる。

タレとごま油の香りが食欲をかきたてます。
温泉卵の代わりに卵黄をのせてもおいしいです。

ビビンバ風焼き肉＆ナムル

鍋に材料を入れるまで **6分**

手動▷炒める▷5分×2回

HT24B	手動▷煮物2-1▷（まぜる・5分×2）
HT99B/HT16E	手動▷煮物2-1▷（まぜる・5分×2）
HT99A	手動▷煮物1-1▷（まぜる・5分×2）

甘辛な味が豆腐の中まで染み渡り絶品！
牛肉のかわりに豚こま切れ肉でもOK！

肉豆腐

鍋に材料を入れるまで **7分**

メニュー▷カテゴリー▷煮物▷魚介▷さばのみそ煮(20分)	
HT24B	自動▷煮物2－10
HT99B/HT16E	自動▷煮物2－10
HT99A	自動▷煮物1－9

材料　3～4人分

- 牛こま切れ肉……………………200g
- 木綿豆腐（または焼き豆腐）
  　……………………1・1/2丁（600g）
- 長ネギ……………………………2/3本
- えのきたけ………………… 1袋（100g）
- A
  - しょうが（千切り）………… 1片分
  - 砂糖 ………………………… 大さじ4
  - しょうゆ ………… 大さじ3・1/2
  - 酒 ………………………… 大さじ1
  - 顆粒和風だし ………… 大さじ1/2
  　（またはだしパック1個）
- 七味唐辛子（お好みで）………… 少々

作り方

1. 豆腐は厚さ2cmの3～4cm角に切り、ペーパータオルでしっかりと水気をふく。
2. 長ネギは大きめの斜め切りにし、ペーパータオルでしっかりと水気をふく。えのきたけは石突きを切り落として大きくほぐす。
3. 内鍋に **1**、**2** を並べ、牛肉と A を加える。

スイッチON　自動調理メニュー「さばのみそ煮」で加熱する。

完成▶　お好みで七味唐辛子をふる。

豆腐や野菜から水分が出やすいので、鍋に入れる前にしっかりと水気をふきましょう。

毎日のおかず　牛肉

たけのこの食感がたまらない中華の代表メニュー。
お肉に片栗粉をまぶせばとろみづけもかんたんに！

チンジャオロースー

鍋に材料を入れるまで **7分**

メニュー▷カテゴリー▷煮物▷肉▷回鍋肉 (20分)	
HT24B	自動▷煮物 2 - 13
HT99B/HT16E	自動▷煮物 2 - 13
HT99A	自動▷煮物 1 - 20

材料 4人分

まぜ技ユニット

牛薄切り肉	300g
たけのこ水煮 (細切り)	100g
ピーマン	5個
パプリカ (赤)	1/3個
塩・こしょう	各少々
片栗粉	大さじ1・1/3
A 酒・オイスターソース	各大さじ2
ごま油	大さじ1・1/2
しょうゆ	大さじ1
しょうが・にんにく (各みじん切り)	各小さじ1
砂糖	小さじ1

作り方

1. 牛肉は細切りにし、塩・こしょう、片栗粉をまぶす。野菜はすべて5〜8mm幅程度の細切りにする。
2. 内鍋に **1**、たけのこ水煮、A を入れる。

スイッチON ▶ 自動調理メニュー「回鍋肉」で加熱する。

point！ お好みで鷹の爪1本を一緒に入れて加熱して辛みをプラスしてもOKです。にんにくとしょうがはチューブタイプを使ってもOK！その場合は分量を半分に。

たっぷり味が染みた大根から
ジュワッと溢れ出すうま味がやみつきに。

牛肉と大根の煮物

鍋に材料を入れるまで **5** 分

メニュー▷カテゴリー▷煮物▷肉▷肉じゃが (35分)	
HT24B	自動▷煮物2-1
HT99B/HT16E	自動▷煮物2-1
HT99A	自動▷煮物1-1

材料　4人分

牛こま切れ肉（または切り落とし）
　……………………………… 200g
大根 …………………………… 2/3本
A
　しょうが（千切り）……… 1/2片分
　しょうゆ ………………… 大さじ3
　酒・みりん ………… 各大さじ2
　砂糖 ……………………… 大さじ1
小ねぎ（小口切り）…………… 適量

作り方

1. 大根は皮をむいて1.5cm程度の厚さの半月切り（またはいちょう切り）にする。
2. 内鍋に1、牛肉、Aを入れる。
スイッチON　自動調理メニュー「肉じゃが」で加熱する。
そのまま冷まして味を染み込ませる。

完成！ お好みで小ねぎを散らす。

point！ 大根がかたいときは加熱延長5〜10分で様子を見ましょう。
牛肉の代わりに豚バラ薄切り肉でもおいしく作れます。

大きなミートローフもホットクックなら失敗いらず！
しっとり中まで火が通ってジューシーに仕上がります。

まるごとミートローフバーグ

毎日のおかず ひき肉

鍋に材料を入れるまで **6分**		
メニュー ▷ カテゴリー ▷ 煮物 ▷ 野菜 ▷ 白菜と豚バラの重ね煮 (30分)		
HT24B	自動 ▷ 煮物 2-4	
HT99B/HT16E	自動 ▷ 煮物 2-4	
HT99A	自動 ▷ 煮物 1-6	

材料　4人分

合いびき肉		500g
玉ねぎ		1/3個
A	パン粉	1カップ
	卵	1個
	牛乳	大さじ2
	塩	小さじ1/3
	こしょう	少々
	オールスパイス（お好みで）	少々
B	トマトケチャップ	1/3カップ
	白ワイン（または酒）	大さじ2
	ウスターソース	大さじ1・1/2
溶けるチーズ		70g
蒸しブロッコリー（お好みで）		適量

作り方

1. 玉ねぎは細かいみじん切りにする。内鍋に合いびき肉、Aとともに入れ、パン粉の粒が消えるまでこねる。
2. 鍋の中でまとめて丸く形を整えていき、厚さ5cm程度に厚みが均一になるようにする。
3. 2に混ぜ合わせたBを上からかけるように加える。
スイッチON 自動調理メニュー「白菜と豚バラの重ね煮」で加熱する。
4. 加熱終了後、溶けるチーズをのせ、溶けるまで蓋をする（加熱延長で3〜5分加熱しても可）。

 へらでそっと取り出し器に盛り付け、お好みでブロッコリーを添える。

 肉だねを別のボウルでこねて、くっつかないタイプのホイルを敷いた内鍋に入れて加熱すると取り出すときに崩れにくいです。

蒸気で蒸すおいしさもホットクックで手軽に！
皮は包まずまぶして作るのでかんたんにできます。

肉シュウマイ

メニュー▷カテゴリー▷蒸し物▷茶わん蒸し (20分)	
HT24B	自動▷蒸し物4－4
HT99B/HT16E	自動▷蒸し物4－4
HT99A	自動▷蒸し物2－3

鍋に材料を入れるまで **8分**

＊HW16Fで調理する場合は市販の蒸し板等を使用し、手動▷蒸す▷10分で加熱します。中の様子をみて加熱延長で調整してください。

（蒸し板）

材料　約10個分

豚ひき肉	200g
玉ねぎ	1/4個
シュウマイの皮	15枚

A
- 片栗粉・酒　　各大さじ1/2
- しょうが（すりおろし）　小さじ1/2
- しょうゆ・砂糖　各小さじ1/2
- ごま油　　　　小さじ1
- 塩　　　　　　小さじ1/4

作り方

1. 玉ねぎはみじん切りにし、豚ひき肉、Aとよく練り混ぜ、10等分に丸める。
2. シュウマイの皮は細切りにし、1の周りにまぶしつける。
3. 内鍋に水1カップ（分量外）を入れて蒸し板をのせ、オーブンシートを敷く。
4. 蒸し板の穴に合わせてオーブンシートに爪楊枝で数か所穴をあけ、2を並べる。

スイッチON　自動調理メニュー「茶わん蒸し」で加熱する。

point！ オーブンシートに穴をあけておくことで、余分な水分や油がたまらず、蒸し上がりがきれいになります。

毎日のおかず ひき肉

ふんわり仕上がる絶品つくね。
ごはんのおかずにはもちろん、お弁当に入れても！

つくね

鍋に材料を入れるまで **8分**

メニュー▷カテゴリー▷煮物▷魚介▷さばのみそ煮(20分)	
HT24B	自動▷煮物2−10
HT99B/HT16E	自動▷煮物2−10
HT99A	自動▷煮物1−9

材料　約15個分

A
- 鶏ひき肉（もも） …………… 300g
- しょうが（すりおろし）… 小さじ1/2
- 片栗粉 …………………… 大さじ1
- 塩・こしょう …………… 各少々

- 長ネギ …………………………… 15cm
- 片栗粉 …………………………… 大さじ1

B
- みりん・酒 ……………… 各大さじ2
- しょうゆ ……………… 大さじ1・1/2
- 砂糖 ……………………… 大さじ1

- 青じそ …………………………… 適量

作り方

1. 長ネギはみじん切りにする。
2. ボウルに **1**、**A** を入れよく練り混ぜる。15等分の小判形にまとめ、片栗粉をまんべんなくまぶす。
3. 内鍋に **2** をできるだけ重ならないよう並べ、混ぜ合わせた **B** をかける。

 自動調理メニュー「さばのみそ煮」で加熱する。

 器に青じそを敷いて盛り付ける。

point! 青じそ8枚を千切りにして **2** で加えると、しそ入りつくねになります。**2** で手に肉がくっつくときは、水か油を少量手に塗ってからまとめましょう。

31

鍋に材料を入れるまで **10** 分		
メニュー▷カテゴリー▷煮物▷野菜▷ロールキャベツ（1時間5分）		
HT24B	自動▷煮物2－12	
HT99B/HT16E	自動▷煮物2－12	
HT99A	自動▷煮物1－4	

ミルフィーユのようなお肉とキャベツの層で見栄えも素敵。
水を減らして生クリームを加えたり、ケチャップ味にアレンジしても！

まるごとロールキャベツ

材料　4人分

- 合いびき肉 …………………… 400g
- キャベツ … 2/3個（外葉から6〜10枚程度）
- 玉ねぎ …………………………… 1/3個
- ベーコンスライス ……………… 4枚
- **A**
  - パン粉 ………………… 大さじ4
  - 卵 ………………………… 1個
  - 塩 ……………………… 小さじ1/3
  - こしょう ………………… 少々
- **B**
  - 水 ………… 1〜1・1/2カップ
  - 白ワイン（または酒）…… 大さじ3
  - バター ………………… 15g
  - 固形コンソメスープの素 …… 1個

作り方

1. 玉ねぎはみじん切りにし、ボウルにひき肉、**A**と一緒に入れてよく練る。
2. 内鍋にベーコンを半分に切って並べ、一番下に大きめのキャベツの葉を敷き、**1**と残りのキャベツの葉を交互に並べて重ねていく。最後は大きめの葉をのせて手で押さえて丸く形を整える。
3. **2**に**B**を加える。コンソメスープの素は溶けるように、水に浸る場所に入れておく。

スイッチON 自動調理メニュー「ロールキャベツ」で加熱する。

完成！ ヘラなどでそっと取り出し、切り分けて器に盛る。

 形崩れ防止のためにも、加熱後はしばらく置いてから取り出しましょう。

鍋に材料を入れるまで **5** 分		
メニュー ▷ カテゴリー ▷ 煮物 ▷ 肉 ▷ 回鍋肉 (20分)		
HT24B	自動 ▷ 煮物 2 − 13	
HT99B/HT16E	自動 ▷ 煮物 2 − 13	
HT99A	自動 ▷ 煮物 1 − 20	

毎日のおかず

ひき肉

ごはんにかけるだけでなく
タコスなどにして食べても GOOD！

タコライスの素

保存期間：冷蔵 2 〜 3 日
冷凍約 2 週間

材料　4人分（作りやすい分量）

合いびき肉 …………………… 400g
玉ねぎ ………………………… 1/2 個
A┃にんにく（みじん切り）……… 1 片分
　┃トマトケチャップ … 1/2 カップ強
　┃ウスターソース ………… 大さじ 1
　┃こしょう ……………………… 少々
ごはん・レタス（千切り）・トマトケチャップ・
　シュレッドチーズ ………… 各適量

作り方

1　玉ねぎは粗みじん切りにする。
2　内鍋に **1**、ひき肉、A を入れる。
スイッチON　自動調理メニュー「回鍋肉」で加熱する。

完成▶ ごはんの上にレタス→タコライスの素→トマトケチャップ→シュレッドチーズの順に盛り付ける。

 加熱終了後、すぐは水分がやや多いですが、しばらく置くとなじみできます。
お好みでチリパウダーやオールスパイスを加えてもおいしいです。

作り置き

みそを加えたコクのある味わい。ごはんや麺、野菜にかけるなど使い方は無限大です。

ネギそぼろ

保存期間：冷蔵2～3日　冷凍約2週間

鍋に材料を入れるまで **4分**

メニュー▷カテゴリー▷ 煮物 ▷ 肉 ▷回鍋肉 (20分)	
HT24B	自動▷煮物2-13
HT99B/HT16E	自動▷煮物2-13
HT99A	自動▷煮物1-20

材料
- 豚ひき肉 …………… 400g
- 長ネギ ……………… 1/2本
- しょうゆ・みそ …… 各大さじ2
- 砂糖・酒 …………… 各大さじ1
- しょうが（すりおろし）…… 小さじ1

作り方
1 長ネギは薄い小口切りにする。
2 内鍋に材料全てを入れる。

スイッチON 自動調理メニュー「回鍋肉」で加熱する。

パサつかずしっとりと蒸した鮭とタルタルソースの相性バツグン。
蒸し機能を使わずにワイン蒸しが作れます。

鮭と千切り野菜の白ワイン蒸し

毎日のおかず / 魚介

鍋に材料を入れるまで **5** 分

メニュー▷カテゴリー▷煮物▷魚介▷さばのみそ煮(20分)	
HT24B	自動▷煮物 2 − 10
HT99B/HT16E	自動▷煮物 2 − 10
HT99A	自動▷煮物 1 − 9

材料　4人分

- 生鮭 …………………………… 4切れ
- 玉ねぎ ………………………… 1/2個
- セロリ（茎の部分）……………… 1本
- にんじん ……………………… 1/3本
- 塩・こしょう …………………… 各少々
- 白ワイン（または酒）………… 大さじ2
- タイム（お好みで）…………… 2〜3本

A
- ゆで卵（細かく刻む）………… 2個分
- ピクルス（みじん切り）……… 大さじ1
- マヨネーズ ……… 大さじ1・1/2
- レモン汁 ……………… 大さじ1/2
- 塩・こしょう・ドライハーブ…各適量
- 牛乳 ……………………… 小さじ1

作り方

1. 生鮭に塩・こしょうをやや強めにふる。玉ねぎは薄切り、にんじん、セロリは千切りにする。
2. 内鍋に生鮭をできるだけ重ならないように並べ、重なる部分には野菜をはさむ。
3. 2に白ワインを加え、お好みでタイムをのせる。
   スイッチON 自動調理メニュー「さばのみそ煮」で加熱する。
4. 牛乳以外のAを混ぜ合わせ、ゆっくりと流れるくらいのかたさになるよう牛乳を加えて調節し、タルタルソースを作る。

完成！ 器に盛り付け、食べる直前にタルタルソースをかける。

エビのプリっとした食感がたまらない。
甘酸っぱさとピリ辛の絶妙なハーモニー。

エビチリ

鍋に材料を入れるまで 7分

メニュー▷カテゴリー▷煮物▷魚介▷さばのみそ煮(20分)	
HT24B	自動▷煮物2-10
HT99B/HT16E	自動▷煮物2-10
HT99A	自動▷煮物1-9

材料 4人分

- むきエビ（大）……………350～400g
- 長ネギ……………………………1/2本
- 塩・こしょう……………………各少々
- 片栗粉………………………大さじ1・1/2
- A
  - トマトケチャップ・酒……各大さじ2
  - ごま油……………………大さじ1・1/2
  - 豆板醤……………………大さじ1/2
  - 砂糖・酢・しょうゆ…各小さじ2
  - しょうが・にんにく（各みじん切り）
    ……………………………各小さじ1
  - 鶏がらスープの素………小さじ1
- 白髪ネギ（お好みで）………………適量

作り方

1. エビは背ワタを除いて塩（分量外）でもみ、一度洗い流し、ペーパータオルで水気をしっかりふく。塩・こしょう、片栗粉をまぶす。
2. 長ネギは粗みじん切りにする。
3. 内鍋にAを入れて混ぜ合わせ、1、2を加えて全体を軽く混ぜる。

スイッチON 自動調理メニュー「さばのみそ煮」で加熱する。

完成! お好みで白髪ネギをのせる。

作り置き

殻つきのエビならもっとおいしい！
背ワタを取って殻をむいて使いましょう。

エビのタイ風カレー

保存期間：冷蔵2〜3日
　　　　　冷凍約2週間

毎日のおかず　魚介

材料　4人分

むきエビ（大）	350g
玉ねぎ	1・1/2個
さやいんげん	12本
塩・こしょう	各少々
薄力粉	大さじ1・1/2
A　ココナッツミルク	1カップ
酒・カレー粉	各大さじ3
ナンプラー	大さじ2
にんにく（みじん切り）	1片分
ごはん・パクチー	各適量

作り方

1. エビは背ワタを除いて塩（分量外）でもみ、一度洗い流し、ペーパータオルで水気をしっかりふく。塩・こしょう、薄力粉をまぶす。
2. 玉ねぎは薄切り、さやいんげんは5cm長さに切る。
3. 内鍋に1、2、Aを入れて全体を軽く混ぜる。

スイッチON　自動調理メニュー「肉じゃが」で加熱する。

完成！　器にごはんとパクチーを盛り、カレーを添える。

鍋に材料を入れるまで **7分**

メニュー▷カテゴリー▷煮物▷肉▷肉じゃが (35分)	
HT24B	自動▷煮物2−1
HT99B/HT16E	自動▷煮物2−1
HT99A	自動▷煮物1−1

臭みがなく、とてもふんわりとしたやわらかい食感！
タレとのからみもバツグンです。

ブリの照り焼き風

鍋に材料を入れるまで 4分	
メニュー▷カテゴリー▷煮物▷魚介▷さばのみそ煮(20分)	
HT24B	自動▷煮物2-10
HT99B/HT16E	自動▷煮物2-10
HT99A	自動▷煮物1-9

材料　4人分

- ブリ（切り身）……………… 4切れ
- 薄力粉………………………… 適量
- サラダ油……………………… 適量
- A
  - 酒 ………………………… 大さじ3
  - しょうゆ ………………… 大さじ2・1/2
  - 砂糖 ……………………… 大さじ1・2/3
  - しょうが（すりおろし）… 小さじ1/2
- 青じそ………………………… 適量

作り方

1. ブリに薄力粉をふる。
2. 内鍋にサラダ油を塗り、1をできるだけ重ならないよう並べる。Aを加える。

スイッチON　自動調理メニュー「さばのみそ煮」で加熱する。
加熱終了後、鍋をゆすって煮汁を全体に絡めてなじませる。

完成！ 器に青じそを敷いて盛り付ける。煮汁をスプーンですくって回しかけてもOK！

ホットクックで魚料理を蒸し焼きに。
お好みの魚ときのこで作れば、バリエーションも広がります。

鮭のみそチーズ蒸し

蒸し板

材料　2人分

生鮭	2切れ
しめじ（またはまいたけ）	1/2パック（100g）
にんじん	1/4本
玉ねぎ	1/4個
キャベツ	1〜2枚
酒・みそ	各小さじ2
溶けるチーズ	30g

作り方

1. しめじは石突きを除いてほぐし、にんじんは千切り、玉ねぎは薄切り、キャベツは細切りにする。
2. オーブンシート（約25〜30cm）を2枚並べ、それぞれに **1** と生鮭をのせて酒をかけ、みそを塗る。上に溶けるチーズをのせる。
3. オーブンシートを折りたたむようにして生鮭を包み、両端をねじって包む。
4. 内鍋に水1カップ（分量外）を入れ、蒸し板をセットする。できるだけ重ならないように **3** を蒸し板にのせる。

スイッチON 自動調理メニュー「茶わん蒸し」で加熱する。

毎日のおかず　魚介

鍋に材料を入れるまで **7分**

メニュー▷カテゴリー▷蒸し物▷茶わん蒸し (20分)	
HT24B	自動▷蒸し物4−4
HT99B/HT16E	自動▷蒸し物4−4
HT99A	自動▷蒸し物2−3

＊ HW16Fで調理する場合は市販の蒸し板等を使用し、手動▷蒸す▷10分で加熱します。中の様子をみて加熱延長で調整してください。

39

定番の煮魚も失敗なし！カレイやメバル、アジなどでも作れるのでお好みでどうぞ。

金目鯛の煮付け

鍋に材料を入れるまで 5 分		
メニュー▷カテゴリー▷煮物▷魚介▷さばのみそ煮(20分)		
HT24B	自動▷煮物	2－10
HT99B/HT16E	自動▷煮物	2－10
HT99A	自動▷煮物	1－9

材料 4人分

- 金目鯛（切り身）…………… 4切れ
- 長ネギ（白い部分）………… 1本分
- サラダ油 ………………………… 適量
- A
  - しょうが（千切り）………… 1片分
  - しょうゆ・酒 …… 各大さじ 3・1/2
  - みりん・砂糖・水 …… 各大さじ 2

作り方

1. 魚はさっと洗ってペーパータオルで水気をふいておく。長ネギは4cm長さのぶつ切りにする。
2. 内鍋にサラダ油を塗り、魚をできるだけ重ならないように、皮目を上にして並べる。重なるところには長ネギをはさみ、A を加える。

スイッチON 自動調理メニュー「さばのみそ煮」で加熱する。

加熱終了後、煮汁を上からかけ、味がなじむまでしばらく冷ます。

鍋に材料を入れるまで **15**分

メニュー▷カテゴリー▷蒸し物▷茶わん蒸し (20分)	
HT24B	自動▷蒸し物4-4
HT99B/HT16E	自動▷蒸し物4-4
HT99A	自動▷蒸し物2-3

＊HW16Fで調理する場合は市販の蒸し板等を使用し、手動▷蒸す▷10分で加熱します。中の様子をみて加熱延長で調整してください。

毎日のおかず

魚介

ホットクックで蒸し料理を。
おうちでもふっくらおいしいかぶら蒸しが作れます。

真鯛のかぶら蒸し

蒸し板

材料 4人分

真鯛	4切れ
かぶ	3個
しめじ	1/4パック
にんじん	1/6本
ぎんなん水煮	8粒
卵白	1個
塩	小さじ1/4
酒	大さじ1
A だし汁（または水とだしパック1個）	1カップ
A しょうゆ	小さじ1
A 塩	小さじ1/4
A 片栗粉（少量の水またはだしで溶いて混ぜる）	小さじ2
三つ葉・練りわさび（各お好みで）	各適量

作り方

1 真鯛は塩少々（分量外）をして5分おき、水分が出てきたらペーパータオルで水気をふいておく。かぶは皮を厚めにむき、すりおろして水気を軽く絞る。しめじは石突きを除いてほぐし、にんじんは千切りにする。

2 ボウルに卵白と塩を入れ、泡立て器で白っぽくなるまで泡立て、**1**の野菜ときのこ、ぎんなん水煮を加えて混ぜ合わせる。

3 内鍋に水1カップ（分量外）を入れ、蒸し板をセットする。蒸し板の上にオーブンシートを敷いて真鯛、**2**をのせ、酒をかける。
スイッチ☆ON☆ 自動調理メニュー「**茶わん蒸し**」で加熱する。

4 加熱終了後、オーブンシートごと器に取り出す。内鍋は蒸し板を取り除き、湯を捨てる（やけどに注意）。内鍋に**A**を入れて**手動「炒める」**で3分加熱し、真鯛にかける。

完成！ お好みで三つ葉をのせ、練りわさびを添える。

保存期間：冷蔵2～3日
　　　　　冷凍約2週間

 しっかり味の染み込んだ、ふんわり角煮。
おかずだけでなくおつまみとしても◎。

カツオの角煮

鍋に材料を入れるまで **7分**

メニュー▷カテゴリー▷煮物▷魚介▷さばのみそ煮(20分)	
HT24B	自動▷煮物2－10
HT99B/HT16E	自動▷煮物2－10
HT99A	自動▷煮物1－9

材料　作りやすい分量（4人分）

カツオ（刺し身用）……………… 1サク
塩 …………………………………… 少々
A｜しょうゆ ……………… 1/4カップ
　｜酒 …………………………… 大さじ2
　｜砂糖 ……………………… 大さじ1・1/2
　｜みりん …………………… 大さじ1
　｜しょうが（千切り） ………… 1片分

作り方

1. カツオは1.5cm～2cmの角切りにし、塩をふって5分おき、水分が出てきたらペーパータオルで水気をふく。
2. 内鍋に1、Aを入れる。

スイッチON 自動調理メニュー「さばのみそ煮」で加熱する。

 カツオは表面が白くなる程度にさっと熱湯にくぐらせ、氷水にとり、水気をきってから使うとさらに臭みがなくなります。

ナンプラーとたっぷりの香味野菜でエスニック風に!
金目鯛やタラなどでも作れます。

真鯛の香味蒸し

毎日のおかず / 魚介

鍋に材料を入れるまで **5分**

手動▷無水でゆでる（10分）

HT24B	手動▷ゆで物3（10分）
HT99B/HT16E	手動▷ゆで物3（10分）
HT99A	手動▷野菜ゆで3（10分）

材料　4人分

- 真鯛（切り身）………………… 4切れ
- 長ネギ…………………………… 1/2本
- もやし…………………………… 1/2パック
- しょうが（千切り）……………… 1片分
- にんにく（みじん切り）………… 1片分
- 塩・こしょう…………………… 各少々
- 酒………………………………… 大1・1/2
- A
  - ナンプラー……………… 大さじ1・1/2
  - 砂糖・ごま油…………… 小さじ1
  - ゆで汁（加熱参照）…… 大さじ1・1/2〜2
- パクチー（ざく切り）…………… 適量

作り方

1. 真鯛に塩・こしょうをする。長ネギは斜め薄切りする。
2. 内鍋に、長ネギ、もやしを敷いて鯛の皮目を上にしてのせる。酒をかけ、しょうがとにんにくをのせる。

スイッチON 手動「無水でゆでる」で10分加熱する（このときに出たゆで汁は取り置く）。

完成▷ 器に盛り付け、混ぜ合わせたAをかけ、パクチーをのせる。

43

里いもの下ゆでもイカの皮むきも不要！
おふくろの味がすぐに作れます。

里いもと イカの煮物

鍋に材料を入れるまで **10** 分		
メニュー▷カテゴリー▷煮物▷肉▷肉じゃが (35分)		
HT24B	自動▷煮物2－1	
HT99B/HT16E	自動▷煮物2－1	
HT99A	自動▷煮物1－1	

材料　4人分

里いも	6～8個
スルメイカ	1杯分
A　だし汁	3/4カップ
（または水とだしパック1個）	
A　酒	大さじ3
A　しょうゆ・みりん	各大さじ2
A　砂糖	大さじ1・1/2
A　しょうが（千切り）	1/2片分
小ねぎ（小口切り・お好みで）	適量

作り方

1. スルメイカは、皮をむかずに内臓を除いて輪切りにする。足の部分は2～3本ずつに切り、食べやすい大きさに切る。
2. 里いもは皮をむいて2～3等分に切り、塩（分量外）でもんでぬめりを洗い流し、水気をきる。
3. 内鍋に 1、2、A を入れる。

スイッチON 自動調理メニュー「肉じゃが」で加熱する。

 器に盛り付け、お好みで小ねぎを散らす。

 イカはスーパーの魚コーナーなどで煮物用に下処理をお願いするとさらに手軽になります。

毎日のおかず / 野菜・大豆製品

短時間でにんじんやがんもどきに味がしっかり染み込みます。
やさしい味わいにホッとします。

メニュー▷カテゴリー▷煮物▷魚介▷さばのみそ煮(20分)	
HT24B	自動▷煮物2-10
HT99B/HT16E	自動▷煮物2-10
HT99A	自動▷煮物1-9

鍋に材料を入れるまで **5** 分

野菜とがんもの炊き合わせ

材料 4人分

- にんじん……………………… 1本
- 小松菜………………………… 1/3束
- がんもどき…………… 小8〜12個
- A
  - だし汁 …………… 1・1/2カップ
  - （または水とだしパック1個）
  - しょうゆ・みりん・砂糖
  - ……………………… 各大さじ1
  - 塩 ………………………… 小さじ1/4

作り方

1. にんじんは皮をむいて8mm厚さの輪切り、小松菜は4cm長さに切る。がんもどきはぬるま湯で洗い、水気をきる。
2. 内鍋にAを入れ、にんじん、がんもどきを並べる。スイッチON 自動調理メニュー「さばのみそ煮」で加熱する。
3. 加熱終了後、具を少し横によけて小松菜を加え、加熱延長4分で火を通す。

 point! 小松菜を後から加えるのが面倒な場合は、色と食感は多少悪くなりますが最初から上にのせて加熱しても大丈夫です。

メニュー▷カテゴリー▷煮物▷肉▷肉じゃが (35分)	
HT24B	自動▷煮物2－1
HT99B/HT16E	自動▷煮物2－1
HT99A	自動▷煮物1－1

鍋に材料を入れるまで **5** 分（下準備は含まない）

具だくさんひじきの煮物

作り置き

れんこんの代わりにごぼう、厚揚げの代わりに薩摩揚げやちくわなどお好みのものでで作ってください。

保存期間：冷蔵2～3日

材料　4人分

まぜ技ユニット

- 厚揚げ …………………………… 200g
- 長ひじき（乾燥） ………………… 15g
- れんこん（またはごぼう） ………… 50g
- にんじん ………………………… 1/4本
- さやいんげん …………………… 2本
- A
  - だし汁 ………………… 1/4カップ
    （または水と和風顆粒だし小さじ1/4）
  - しょうゆ・酒・みりん・砂糖
    ………………… 各大さじ1・1/2
- サラダ油 ……………………… 小さじ1/2

作り方

下準備　ひじきはぬるま湯で20～30分戻して水気をきっておく。長いものは食べやすい長さに切る。

1. にんじん、れんこんは皮をむいて5mm厚さの半月切り～いちょう切りにして、れんこんはさっと水にさらし、水気をしっかりきる。さやいんげんは3cm長さに切る。
2. 厚揚げは1cm厚さの3cm四方に切る。
3. 内鍋に材料すべてを入れる。

スイッチON　自動調理メニュー「肉じゃが」で加熱する。

point！ 厚揚げは煮崩れしにくいかためのものを使いましょう。

鍋に材料を入れるまで **5** 分		
メニュー▷カテゴリー▷煮物▷魚介▷さばのみそ煮（20分）		
HT24B	自動▷煮物2－10	
HT99B/HT16E	自動▷煮物2－10	
HT99A	自動▷煮物1－9	

毎日のおかず

野菜・大豆製品

なすに染み込んだだし汁が口の中でじゅわっと広がります。
とろけるような食感のなす煮です。

なすの煮物

材料　4人分

- なす ……………………… 4本
- A
  - だし汁 …………… 1カップ
  - （または水とだしパック1個）
  - しょうゆ・酒 …… 各大さじ2
  - みりん・砂糖 … 各大さじ2・1/2
  - しょうが（すりおろし）… 小さじ1/4
- 削り節（お好みで）…………… 適量

作り方

1. なすはヘタを落として縦半分に切り、5mm幅に斜めに切り込みを浅く入れる。さっと水にさらしてからしっかりと水気をきる。
2. 内鍋にAを入れ、1の皮目を下にして入れる。
スイッチON　自動調理メニュー「さばのみそ煮」で加熱する。
そのまま冷ましながら味を染み込ませる。

完成！　お好みで削り節をのせる。

 加熱後すぐはなすの色が抜けますが、しばらく煮汁につけておくと色が戻ってきます。切り込みは細かすぎると崩れるのでほどほどに。

丸ごとだからピーマンの甘みが引き出され、苦みもなし！
ピーマンの種ごと食べられるビタミンたっぷりメニューです。

まるごとピーマンと桜エビのごま油煮

鍋に材料を入れるまで **4分**

メニュー▷カテゴリー▷煮物▷魚介▷さばのみそ煮(20分)	
HT24B	自動▷煮物2−10
HT99B/HT16E	自動▷煮物2−10
HT99A	自動▷煮物1−9

材料　4人分

- ピーマン……………………… 8個
- 桜エビ（乾燥）………… 大さじ1・1/2
- A
  - だし汁 …………… 1/2カップ弱
    （または水とだしパック1個）
  - しょうゆ ………… 大さじ1・1/3
  - 砂糖・酒 ………… 各 大さじ1
  - ごま油 …………… 大さじ1/2

作り方

1. ピーマンは包丁で中心に、縦に1cm程度の切り込みを1カ所入れる（爪楊枝や竹串で何か所か刺しても可）。
2. 内鍋に**1**、その上に桜エビをのせて**A**を入れ、オーブンシートで落とし蓋をする。

スイッチON　自動調理メニュー「さばのみそ煮」で加熱する。
加熱終了後、上下を裏返して味が染みるまでしばらく置く。

毎日のおかず / 野菜・大豆製品

豆腐が崩れやすい麻婆豆腐もホットクックなら失敗なし。
山椒やラー油を足すとより本格的な味わいに。

麻婆豆腐

鍋に材料を入れるまで **5分**

メニュー▷カテゴリー▷煮物▷魚介▷さばのみそ煮（20分）	
HT24B	自動▷煮物2-10
HT99B/HT16E	自動▷煮物2-10
HT99A	自動▷煮物1-9

材料　作りやすい分量（3〜4人分）

- 木綿豆腐……………1丁（400g）
- 豚ひき肉……………100g
- 長ネギ（白い部分）……10cm
- A
  - 水……………1/4カップ
  - しょうが・にんにく（各みじん切り）……1片分
  - ごま油・甜麺醤……各大さじ1・1/2
  - しょうゆ・酒・水溶き片栗粉……各大さじ1
  - 豆板醤……大さじ1/2
  - 鶏がらスープの素・砂糖……各小さじ1
- 山椒・ラー油（各お好みで）……各適量

作り方

1 長ネギは粗みじん切りにし、豆腐は2.5cm〜3cm角に切る。
2 内鍋に長ネギ、豚ひき肉、A を入れて混ぜ、上に豆腐をのせる。
スイッチON 自動調理メニュー「さばのみそ煮」で加熱する。
加熱終了後、崩れないように静かにかき混ぜる。

完成！ お好みで山椒やラー油をかける。

れんこんの食感とにんじんの甘みがたまらない。
常備菜としても役立つ便利メニュー。

保存期間：冷蔵3〜4日

れんこんと
にんじんのきんぴら

鍋に材料を入れるまで **5**分

メニュー▷カテゴリー▷煮物▷肉▷回鍋肉 (20分)	
HT24B	自動▷煮物2－13
HT99B/HT16E	自動▷煮物2－13
HT99A	自動▷煮物1－20

材料 4人分

れんこん	150g
にんじん	1本
白いりごま	小さじ1
A サラダ油	大さじ1
しょうゆ・砂糖	各大さじ1・1/2

作り方

1 れんこんは皮をむいて3mm厚さのいちょう切りにし、さっと水にさらしてからしっかりと水気をきる。にんじんは皮をむいて3mm厚さのいちょう切りにする。

2 内鍋に1、Aを入れる。

スイッチON 自動調理メニュー「回鍋肉」で加熱する。

3 加熱終了後、白いりごまを加えて混ぜる。

じゃがいもの加熱もホットクックでOK！
普段とはちょっと違うカレー風味で召し上がれ。

カレー風味のポテトサラダ

毎日のおかず / 野菜・大豆製品

鍋に材料を入れるまで **5分**

メニュー▷カテゴリー▷ゆで物▷いも・かぼちゃ(25分)	
HT24B	自動▷ゆで物3-4
HT99B/HT16E	自動▷ゆで物3-4
HT99A	自動▷野菜ゆで3-4

材料　4人分

- じゃがいも……………… 3個
- にんじん………………… 1/4本
- ハム……………………… 2枚
- A
  - マヨネーズ………… 大さじ4
  - 酢…………………… 小さじ1
  - カレー粉…………… 小さじ1/2
  - 塩、砂糖…………… 各少々

作り方

1. じゃがいもは皮をむいて1個を8等分に切り、さっと水にさらして軽く水気をきる。にんじんは皮をむいて4mm厚さのいちょう切りにする。
2. ハムは長さを半分にして短冊切りにする。
3. 内鍋に**1**、水大さじ3（分量外）を入れる。
スイッチON 自動調理メニュー「**いも・かぼちゃ**」で加熱する。
4. 加熱終了後、じゃがいもをつぶし、A、**2**を混ぜる。

point! じゃがいもに竹串を刺してみてすっと通ればOK。かたいときは水少量を加え、加熱延長をして様子を見ましょう。キュウリの輪切りを塩でもんで、水気をしぼってから加えるのもおすすめです。

ほろほろ食感のかぼちゃに
鶏のそぼろあんが絶妙なバランスで絡まって美味！

かぼちゃのそぼろ煮

鍋に材料を入れるまで **5** 分

メニュー▷カテゴリー▷煮物▷魚介▷さばのみそ煮(20分)	
HT24B	自動▷煮物 2 − 10
HT99B/HT16E	自動▷煮物 2 − 10
HT99A	自動▷煮物 1 − 9

材料　4人分

かぼちゃ	1/4 個
鶏ひき肉	70g
A	だし汁　3/4 カップ（または水とだしパック1個） 砂糖　大さじ 1・1/2 みりん・しょうゆ・酒　各大さじ 1 しょうが（すりおろし）・片栗粉　各小さじ 1

作り方

1　かぼちゃは種とわたを除き、4cm×3cm角に切る。
2　内鍋に A を入れて混ぜ、鶏ひき肉を加えて混ぜる。
3　1の皮目を下にして2の上に並べ、オーブンシートで落とし蓋をする。
スイッチON　自動調理メニュー「さばのみそ煮」で加熱する。
加熱終了後、かぼちゃを崩さないように軽く混ぜる。

 最初に鶏ひき肉と調味料をしっかりと混ぜると味ムラがなくなり、ダマにならずなめらかなあんに！加熱終了後、水分が少ないときは、少量のだし汁を加えて混ぜるとほどよい濃度になります。

作り置き　シンプルな調味料でも納得の味。
ひとつ食べたら止まらなくなるかも。

さつまいもの煮物

保存期間：冷蔵2〜3日

毎日のおかず / 野菜・大豆製品

鍋に材料を入れるまで **5**分

メニュー▷カテゴリー▷煮物▷魚介▷さばのみそ煮(20分)	
HT24B	自動▷煮物2－10
HT99B/HT16E	自動▷煮物2－10
HT99A	自動▷煮物1－9

材料　作りやすい分量（4人分）

さつまいも……………………… 1本
A
　水 …………………… 3/4カップ
　砂糖 ………………… 大さじ2
　しょうゆ …………… 小さじ1
　塩 …………………… 小さじ1/4

作り方

1　さつまいもはよく洗って皮ごと1.5cm厚さの輪切りにし、水に3分ほどさらして水気を軽くきる。

2　内鍋に**1**、Aを入れる。
スイッチON　自動調理メニュー「さばのみそ煮」で加熱する。

 さつまいもは半月切りにして煮ると煮くずれしてしまうので、輪切りのまま煮ます。お弁当に詰める場合は加熱後に小さく切りましょう。

53

作り置き

色とりどりの野菜がおいしいミネストローネ。
大豆のほかにキドニービーンズ、ひよこ豆などでもOK！

ミネストローネ

保存期間：冷蔵2〜3日
　　　　　冷凍約2週間

鍋に材料を入れるまで **5** 分		
メニュー▷カテゴリー▷スープ▷具だくさんみそ汁(25分)		
HT24B	自動▷カレー・スープ1－5	
HT99B/HT16E	自動▷カレー・スープ1－5	
HT99A	手動▷煮物1－1（まぜる・15分）	

材料　4人分

ベーコンスライス	2枚
トマト（大）	3個
玉ねぎ	1/3個
にんじん	1/3本
なす	1/3本
A　水	1・1/3カップ
大豆水煮	50g
にんにく（みじん切り）	1片分
オリーブオイル	大さじ1/2
固形コンソメスープの素	1個
粉チーズ（お好みで）	適量

まぜ技ユニット

作り方

1　ベーコンは1cm幅に切る。玉ねぎ、皮をむいたにんじん、なす、トマトは1cm角程度に切る。

2　内鍋に 1、A を入れる。
スイッチON 自動調理メニュー「**具だくさんみそ汁**」で加熱する。

 お好みで粉チーズをふる。

 大豆の食感を残したい場合は加熱終了後に加え、加熱延長3分でほどよいかたさに仕上がります。大豆の水煮はホットクックでも作れます（P.80）。トマトの皮が気になる場合は湯むきを。なすの代わりにズッキーニを使ってもOK。

アサリのうま味が引き立つ中華風スープ。
野菜がたくさん摂れるところもうれしい。

アサリの中華スープ

毎日のおかず スープ

鍋に材料を入れるまで **5分**

手動▷スープを作る（まぜない）(5分)×2	
HT24B	手動▷カレー・スープ1-2（まぜない・5分×2）
HT99B/HT16E	手動▷カレー・スープ1-2（まぜない・5分×2）
HT99A	手動▷煮物 1-2（まぜない・5分×2）

材料　4人分

アサリ（砂抜き済み）	250g
もやし	1/2パック
長ネギ（白い部分）	10cm
ニラ	1/2束
A 水	3カップ
にんにく（みじん切り）	1片分
酒	大さじ1
鶏がらスープの素・しょうゆ	各大さじ1/2
ごま油	小さじ1
こしょう	少々
ラー油（お好みで）	適量

作り方

1 アサリはこすり洗いしておく。長ネギは小口切りにし、ニラは4cm長さに切る。

2 内鍋にA、アサリ、長ネギを入れる。

スイッチON≶ 手動「スープを作る（まぜない）▷5分」で加熱する。

3 加熱終了後、もやし、ニラを加える。

スイッチON≶ 手動「スープを作る（まぜない）▷5分」で加熱する。

完成！ お好みでラー油をかける。

 アサリを砂抜きする場合は、バットなどにアサリを重ならないように並べ、塩水（水約600mlに対して塩大さじ1）を入れて、ホイルなどで軽く蓋をして20℃くらい室温で約2時間つけておきましょう。

鍋に材料を入れるまで **5分**		
メニュー▷カテゴリー▷スープ▷具だくさんみそ汁(25分)		
HT24B	自動▷カレー・スープ1-5	
HT99B/HT16E	自動▷カレー・スープ1-5	
HT99A	手動▷煮物1-1（まぜる・15分）	

おかずのかわりになる具だくさんの粕汁。
忙しくておかずがたくさん作れない日の夕食に。

鮭と白菜の粕汁

材料　4人分

生鮭	2切れ
白菜	1/8個
厚揚げ	120g
酒粕	50g
みそ	大さじ2・1/2
A　だし汁（または水とだしパック1個）	3カップ
しょうが（すりおろし）	小さじ1

作り方

1. 酒粕は小さく手でちぎり、Aのだし汁少量で練るように溶かす。
2. 白菜は3〜4cm四方程度のざく切り、厚揚げは1cm幅の2cm四方に切る。生鮭は1切れを4〜6等分に切る。
3. 内鍋に**1**、**2**、Aを入れる。
   スイッチON 自動調理メニュー**「具だくさんみそ汁」**で加熱する。
4. 加熱終了後、みそを溶き入れる（余熱で溶かす）。

point! みそは**3**で入れてもOKですが加熱してから加えるほうが風味がよく、おいしさアップ！

3つのレシピ共通

保存期間：冷蔵約2日　冷凍約2週間

鍋に材料を入れるまで **5** 分

メニュー▷カテゴリー▷スープ▷かぼちゃのポタージュ (45分)	
HT24B	自動▷カレー・スープ1-6
HT99B/HT16E	自動▷カレー・スープ1-6
HT99A	自動▷野菜ゆで3-4▷終了後、煮物1-21▷延長2分

※ HW10Eは、購入時のメニュー集に記載されている「かぼちゃのポタージュ」を参考にしてください。

ほうれん草のあらつぶしポタージュ

材料 4人分

ほうれん草	1・1/2 束
じゃがいも	1・1/2 個
玉ねぎ	1/3 個
A　水	1/2 カップ
バター	15g
固形コンソメスープの素	1個
B　生クリーム・牛乳	各 1/2 カップ
塩	少々

作り方

1 ほうれん草は1cm長さに切り、じゃがいもは皮をむき、玉ねぎとともに薄切りにする。
2 内鍋に **1**、A を入れる。
スイッチON 自動調理メニュー「かぼちゃのポタージュ」で加熱する。
3 音が鳴ったら B を加えて再度スイッチを押す。

カリフラワーのポタージュ

材料 4人分

カリフラワー	1個
じゃがいも	1個
玉ねぎ	1/4 個
A　水	1/2 カップ
バター	15g
固形コンソメスープの素	1個
B　生クリーム・牛乳	各 1/2 カップ
塩	少々

作り方

1 カリフラワーは小房に分け、じゃがいもは皮をむき、玉ねぎとともに薄切りにする。
2 内鍋に **1**、A を入れる。
スイッチON 自動調理メニュー「かぼちゃのポタージュ」で加熱する。
3 音が鳴ったら B を加え、再度スイッチを押す。

にんじんのあらつぶしポタージュ

材料 4人分

にんじん	2本
玉ねぎ	1/2 個
じゃがいも	1/2 個
A　水	1/2 カップ
バター	15g
固形コンソメスープの素	1個
B　生クリーム・牛乳	各 1/2 カップ
塩	少々

作り方

1 にんじんは皮をむいて5mm厚さの輪切りにし、じゃがいもは皮をむき、玉ねぎとともに薄切りにする。
2 内鍋に **1**、A を入れる。
スイッチON 自動調理メニュー「かぼちゃのポタージュ」で加熱する。
3 音が鳴ったら B を加え、再度スイッチを押す。

 塩は味を見てから少しずつ加えましょう。

毎日のおかず　スープ

第2章

ホットクックで大活躍！
自家製冷凍ミールキット

自家製冷凍ミールキットとは、切った食材を生のままポリ袋に入れて冷凍して保存しておくもの。食べるとき、ホットクックにミールキットを入れてボタンを押せば、自動で火加減などを調整して、解凍・調理してくれます。買い物が済んだら材料の下ごしらえをして冷凍しちゃいましょう。

※冷凍の場合、キーの表示時間より時間がかかります。また加熱不足がある場合は、加熱延長で様子を見てください。

HOT COOK LESSON 2

買うより安い！とっても便利
自家製ミールキットを作ろう

自家製ミールキットはこんなに便利！

ミールキットは、材料を切って生のままチャック付きポリ袋に入れて冷凍保存して作ります。
使うときは、凍ったままホットクックに材料を入れ、
設定されている自動調理メニューキーを選択してスイッチを押すだけ！

材料を切る ▶ 生のまま袋に詰める ▶ 冷凍のままホットクックに入れる ▶ スイッチON

ミールキットの作り方

※このプロセスはP.60の鶏のトマト＆デミグラスシチューキットを使用しています

1 野菜と肉に分けて保存するのがコツ。材料に対して大きめのチャック付きポリ袋を用意し、材料にソースがある場合先に入れておく。

2 材料がなるべく平らになるように広げながら入れる。肉などはかたまって凍らないようにここで均一に広げるようにする。

3 中に余分な空気が残らないように、空気を底から押し出すように抜きながら、チャックを閉めていく。

4 野菜も同様に袋に入れて密封し、冷凍庫で保存する。

ミールキットはどのレシピも凍らせず「そのまますぐ」作ってもOK!

解凍から調理まで

1 材料を冷凍庫から取り出したら、肉は流水に浸けながら少しほぐしておく。野菜は基本そのままOK。

2 チャック付きポリ袋の水分をふきとり、材料をホットクックの内鍋に入れる。

3 内鍋からあふれそうならヘラなどで軽く押し込むようにしてならす。
（※蓋をしてまぜ技ユニットが当たらないようにする。食材が入りきらない場合は、適量を入れてから少し加熱し、カサが減ったところで残りを加えるとよい。）

パンにもごはんにもぴったりのシチュー。
黒こしょうをたっぷり、クルトンをトッピングしても！

鶏のトマト
＆デミグラス
シチューキット

ミールキット完成まで **7**分	
メニュー▷カテゴリー▷**カレー・シチュー**▷**ビーフカレー**（45分）	
HT24B	自動▷カレー・スープ１－２
HT99B/HT16E	自動▷カレー・スープ１－２
HT99A	自動▷煮物１－15

STOCK

保存期間：冷凍約1ヵ月

材料　4人分

鶏もも肉（大）	2枚
玉ねぎ	1個
にんじん	1本
トマト	2個
塩・こしょう	各少々
A デミグラスソース	1缶（290g）
赤ワイン（または酒）	大さじ１・1/2
ローリエ（お好みで）	2枚
塩	少々
パセリ（みじん切り）・粉チーズ（各お好みで）	各適量

作り方

1　玉ねぎはくし形切り、にんじんは皮をむいて1cm厚さの輪切り、トマトは2cm角に切る。チャック付きポリ袋に入れてとじ、できるだけ平らにして冷凍する。

2　鶏肉は皮を除いて1枚を6〜8等分に切り、塩・こしょうをする。

3　**1**とは別のチャック付きポリ袋に**A**を入れて混ぜ、**2**を加えてソースを全体になじませる。

調理するとき　袋ごと流水で半解凍した**3**と、凍ったままの**1**をほぐしながら内鍋に入れる。

スイッチON　自動調理メニュー「ビーフカレー」で加熱する。

完成！　お好みでパセリ、粉チーズをふる。

　加熱が足りないときは、加熱延長10分で様子を見ましょう。

冷凍ミールキット

まろやかな酸味のハニーマスタードが鶏肉とれんこんのアクセントに。

鶏とれんこんのマスタードソテーキット

ミールキット完成まで **7**分

メニュー▷カテゴリー▷煮物▷肉▷回鍋肉 (20分)	
HT24B	自動▷煮物2－13
HT99B/HT16E	自動▷煮物2－13
HT99A	自動▷煮物1－20

STOCK

保存期間：冷凍約1ヵ月

材料　4人分

鶏もも肉	2枚
れんこん	200g
塩・こしょう	各少々
薄力粉	大さじ1・1/2
A しょうゆ	大さじ2・1/2
粒マスタード	大さじ1・1/2
はちみつ	小さじ2
白ワイン（または酒）	大さじ1/2
ベビーリーフ	適量

作り方

1. れんこんは皮をむいて4mm厚さに切り、さっと水にさらして水気をきり、ペーパータオルでよくふく。チャック付きポリ袋に入れてとじ、できるだけ平らにして冷凍する。
2. 鶏肉は余分な皮と脂を除き、4cm角に切って塩・こしょう、薄力粉をまぶす。
3. 1とは別のチャック付きポリ袋にAを入れて混ぜ、2を加えてタレを全体になじませる。

調理するとき　袋ごと流水で半解凍した3と、凍ったままの1をほぐしながら内鍋に入れる。

スイッチ ON　自動調理メニュー「回鍋肉」で加熱する。

完成!　器にベビーリーフを敷いて盛り付ける。

 鶏肉の加熱が足りないときは、加熱延長10分で様子を見ましょう。

冷凍ミールキット

塩麹のうま味が食材とからんで箸が進む。凍ったミールキットは流水で半解凍すると出しやすいです。

ミールキット完成まで **5**分

メニュー▷カテゴリー▷煮物▷肉▷回鍋肉 (20分)	
HT24B	自動▷煮物2-13
HT99B/HT16E	自動▷煮物2-13
HT99A	自動▷煮物1-20

豚薄切り肉＆パプリカの塩麹キット

STOCK

保存期間：冷凍約1ヵ月

材料 4人分

豚薄切り肉（肩ロース）	400g
パプリカ（赤）	1個
A 塩麹	大さじ3・1/2
A 酒	大さじ1
A しょうが（すりおろし）	小さじ1

作り方

1. パプリカは長ければ縦半分に切ってから1cm幅に切って、チャック付きポリ袋に入れて冷凍する。
2. 1とは別のチャック付きポリ袋にA、豚肉を入れて軽くもみ混ぜ、できるだけ平らにして冷凍する。

調理するとき 袋ごと流水で半解凍した2と、凍ったままの1をほぐしながら内鍋に入れる。

スイッチON 自動調理メニュー「回鍋肉」で加熱する。

point! 加熱が足りないときは、加熱延長5分で様子を見ましょう。

冷凍ミールキット

甜麺醤(テンメンジャン)を使わずみそで和風に仕上げました。
豆板醤の量はお好みの辛さに調節を。

和風マーボーなすキット

STOCK
保存期間：冷凍約1ヵ月

ミールキット完成まで **5** 分

メニュー▷カテゴリー▷煮物▷肉▷回鍋肉 (20分)	
HT24B	自動▷煮物 2 - 13
HT99B／HT16E	自動▷煮物 2 - 13
HT99A	自動▷煮物 1 - 20

まぜ技ユニット

材料　4人分

豚ひき肉 ……………………… 100g
なす …………………………… 4〜5本
長ネギ ………………………… 1/3本
片栗粉 ………………………… 大さじ1
　水 …………………………… 1/3カップ
　みそ ………………………… 大さじ1・1/2
　ごま油・酒 ………… 各大さじ1
A　豆板醤・しょうゆ・砂糖・
　　鶏がらスープの素 … 各小さじ1
　しょうが・にんにく（すりおろし）
　　………………………各小さじ1/2
糸唐辛子（お好みで）……… 適量

作り方

1. なすは縦6等分に切り、片栗粉をまぶす。長ネギは粗みじん切りにする。チャック付きポリ袋に入れて冷凍する。
2. 1とは別のチャック付きポリ袋にA、豚ひき肉を入れてもみ混ぜ、できるだけ平らにして冷凍する。

調理するとき　袋ごと流水で半解凍した **2** と、凍ったままの **1** をほぐしながら内鍋に入れる。

スイッチON　自動調理メニュー「回鍋肉」で加熱する。

完成!　お好みで糸唐辛子をのせる。

加熱終了後、火が通っていない部分があれば、加熱延長5〜10分で様子を見ましょう。

冷凍ミールキット

バジルの爽やかな香りのジェノベーゼソース。
イタリアン風炒めものもホットクックにおまかせ。

豚ヒレ肉の ジェノベーゼ炒め キット

ミールキット完成まで **7**分	
メニュー▷カテゴリー▷煮物▷肉▷回鍋肉（20分）	
HT24B	自動▷煮物2－13
HT99B/HT16E	自動▷煮物2－13
HT99A	自動▷煮物1－20

STOCK

保存期間：冷凍約1ヵ月

まぜ技ユニット

材料　4人分

豚ヒレ肉	350g
玉ねぎ	1/3個
マッシュルーム	1パック（4～6個）
塩・こしょう	各少々
薄力粉	適量
A　ジェノベーゼソース（市販）	大さじ2・1/2
白ワイン（または酒）	大さじ1
粉チーズ・粗びき黒こしょう（各お好みで）	各適量

作り方

1. マッシュルームは縦半分に切り、玉ねぎは8mm厚さの薄切りにする。チャック付きポリ袋に入れて冷凍する。
2. 豚肉は1cm厚さに切り、塩・こしょう、薄力粉をまぶす。
3. 1とは別のチャック付きポリ袋にA、2を入れ、軽く全体を混ぜてなじませ、できるだけ平らにして冷凍する。

調理するとき　袋ごと流水で半解凍した3と、凍ったままの1をほぐしながら内鍋に入れる。

スイッチON　自動調理メニュー「回鍋肉」で加熱する。

point!　豚肉に火が通っていない部分があれば、加熱延長10分で様子を見ましょう。玉ねぎの量を増やしてしまうと、水っぽくなり、味が薄まってしまうので注意しましょう。

冷凍ミールキット

まるごと煮るから苦くない！
ピーマン嫌いのお子さまにもぜひ！！

まるごとピーマンの肉詰め煮キット

冷凍ミールキット

STOCK

保存期間：冷凍約1ヵ月

ミールキット完成まで **7分**

メニュー▷カテゴリー▷煮物▷野菜▷白菜と豚バラの重ね煮(30分)	
HT24B	自動▷煮物2－4
HT99B/HT16E	自動▷煮物2－4
HT99A	自動▷煮物1－6

材料　4人分

ピーマン	8個
玉ねぎ	1/8個
A 合いびき肉	300g
パン粉	大さじ4
塩	小さじ1/4
こしょう	少々
B トマトケチャップ	1/2カップ
酒	大さじ2
ウスターソース	大さじ1
砂糖	小さじ1

作り方

1　ピーマンはヘタを押し込んで取り、中の種を取る。

2　玉ねぎはみじん切りにし、Aと練り混ぜて8等分にし、1にしっかりと詰める。チャック付きポリ袋にできるだけ重ならないように入れて冷凍する。

3　1とは別のチャック付きポリ袋に混ぜ合わせたBを入れて冷凍する。

調理するとき　軽くほぐした**3**と、凍ったままの**2**を内鍋に入れる。

スイッチON　自動調理メニュー「白菜と豚バラの重ね煮」で加熱する。

Bは市販のトマトソース缶1缶(300g)で代用できます。

メニュー▷カテゴリー▷煮物▷肉▷回鍋肉 (20分)	
HT24B	自動▷煮物2－13
HT99B/HT16E	自動▷煮物2－13
HT99A	自動▷煮物1－20

ミールキット完成まで **7分**

ガパオライス風炒めキット

鮮やかな彩りで見栄えがよく、食欲がそそられる一品。思わずごはんが進みます。

STOCK 保存期間：冷凍約1ヵ月

材料　4人分

鶏ひき肉	400g
ピーマン	2個
パプリカ（赤）	1/3個
玉ねぎ	1/4個
バジルの葉	20枚（2枝分）
A　ナンプラー	大さじ2
酒	大さじ1
オイスターソース	小さじ2
しょうが（すりおろし）・サラダ油	各小さじ1
ごはん	適量

作り方

1. ピーマン、パプリカ、玉ねぎは1.5cm角に切る。バジルの葉と一緒にチャック付きポリ袋に入れて冷凍する。
2. 1とは別のチャック付きポリ袋にA、ひき肉を入れてもみ混ぜ、できるだけ平らにして冷凍する。

調理するとき　袋ごと流水で半解凍した2と、凍ったままの1をほぐしながら内鍋に入れる。

スイッチON　自動調理メニュー「回鍋肉」で加熱する。

完成！　器にごはんと一緒に盛りつける。

point!　バジルの葉がないときは、食べるときにドライバジルをふってもOKです。

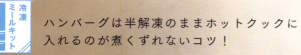

ハンバーグは半解凍のままホットクックに入れるのが煮くずれないコツ！

煮込みミニハンバーグキット

冷凍ミールキット

STOCK

保存期間：冷凍約1ヵ月

ミールキット完成まで **10分**

メニュー▷カテゴリー▷煮物▷野菜▷白菜と豚バラの重ね煮(30分)	
HT24B	自動▷煮物2−4
HT99B/HT16E	自動▷煮物2−4
HT99A	自動▷煮物1−6

材料　4人分

- A
  - 合いびき肉 …… 400g
  - 卵 …… 2個
  - 玉ねぎ（みじん切り）…… 1/3個
  - パン粉 …… 1カップ
  - 塩 …… 小さじ1/2
  - こしょう …… 少々
- 玉ねぎ …… 2/3個
- にんじん …… 1/2本
- B
  - デミグラスソース …… 1缶(290g)
  - トマト水煮缶 …… 3/4カップ
  - 赤ワイン（または酒）…… 大さじ2
  - しょうゆ …… 大さじ1/2
  - 砂糖 …… 小さじ1

作り方

1. 玉ねぎ2/3個はくし形切りにしてばらばらにほぐし、にんじんは厚めの短冊切りにする。チャック付きポリ袋に入れて冷凍する。
2. ボウルにAを入れてねばりが出るまで混ぜ、8等分にして小判形にまとめる。
3. 1とは別のチャック付きポリ袋にBを入れて混ぜる。
4. 3を平らなところに置いて、2を3のポリ袋の入り口側にくっつかないように並べて入れ（できるだけソースとハンバーグが、ポリ袋に薄く均一になるようにして）、冷凍する。

調理するとき　ソースがほぐれる程度に流水で半解凍した4と、凍ったままの1をほぐしながら内鍋に入れる。

スイッチON　自動調理メニュー「白菜と豚バラの重ね煮」で加熱する。

point !　凍った材料を内鍋に入れづらいときは、入れる分を少し加熱して溶けてきてから加えると入れやすいです。加熱終了後、火が通ってない部分があれば、加熱延長約15分で様子を見ましょう。

2つのレシピ共通

ミールキット完成まで **5**分

メニュー▷カテゴリー▷スープ▷具だくだんみそ汁（25分）	
HT24B	自動▷カレー・スープ1-5
HT99B/HT16E	自動▷カレー・スープ1-5
HT99A	手動▷煮物1-1（まぜる・15分）

具だくさん野菜スープキット

STOCK 保存期間：冷凍約1ヵ月

材料 4人分

ベーコンスライス………… 2枚
キャベツ………………… 1/8個
玉ねぎ…………………… 1/3個
にんじん………………… 1/4個
じゃがいも……………… 1個

A｛ 固形コンソメスープの素…1個
　　塩、こしょう ………… 各少々
水 ……………………… 3カップ
粗びき黒こしょう………… 少々

作り方

1 じゃがいもは皮をむいて8等分に切り、さっと水にさらしてアクを除き、水気をきる。
2 ベーコンは2cm幅に切り、キャベツは3cm程度のざく切り、玉ねぎは薄切り、にんじんは皮をむいていちょう切りにする。
3 チャック付きポリ袋に 1、2、A を入れて冷凍する。

調理するとき

① 内鍋に 3 を凍ったままほぐして入れ、水を加える。

スイッチON 自動調理メニュー「具だくさんみそ汁」で加熱する。

完成！ お好みで粗びき黒こしょうをふる。

豚汁キット

STOCK 保存期間：冷凍約1ヵ月

材料 4人分

豚薄切り肉…2〜3枚（120g）
ごぼう…………………… 1/2本
長ネギ…………………… 1/2本
白菜……………………… 1枚
しめじ………… 1/2パック（50g）
油揚げ…………………… 1/2枚
ごま油…………………… 小さじ1

A｛ 酒 ……………………… 大さじ1
　　しょうが（すりおろし）
　　　　………………… 小さじ1/2
　　だしパック ………… 1個
水 ……………………… 3カップ
みそ …………… 大さじ1・1/3

小ねぎ（小口切り・お好みで）………… 適量

作り方

1 ごぼうはよく洗って斜め薄切りにし、水にさらしてアクを抜き、水気をきる。長ネギは小口切り、白菜は2cm程度のざく切りにする。
2 しめじは石突きを除いてほぐし、豚肉は4cm長さに切り、油揚げは2cm長さの短冊切りにする。
3 チャック付きポリ袋に A、1、2 を入れる（みそはラップに包んで袋の口のあたりに入れておく）。

調理するとき

① 内鍋にみそ以外の 3 を凍ったままほぐして入れ、水を加える。

スイッチON 自動調理メニュー「具だくさんみそ汁」で加熱する。

② 加熱終了後、みそを加えて混ぜる（余熱でOK）。

完成！ お好みで小ねぎをのせる。

第3章

1週間のメニューをまとめて！
作り置きレシピ

ホットクックで作ったものを作り置きできるレシピを集めました。調理時間（加熱時間）は長いけれど、週末に作り置きしておけば、役立つものばかりです。毎日のお弁当や夕飯の一品など、使い方はさまざまです。

※保存期間の目安はそれぞれのレシピに記載されています（冷蔵庫や冷凍庫の開け閉めによって状態が変わるので、あくまでも目安です。食材の様子を見て調整してください）。

作り置き

漬け込まなくてもタレのおいしさがしっかり染みています。
骨からお肉がほろっと離れてやわらかい！

豚スペアリブの
バーベキュー煮

鍋に材料を入れるまで **5** 分

メニュー▷カテゴリー▷煮物▷肉▷豚の角煮 (1時間35分)	
HT24B	自動▷煮物2-7
HT99B/HT16E	自動▷煮物2-7
HT99A	手動▷煮物1-2（まぜない）95分

材料　4人分

豚スペアリブ………… 600〜800g
A ┃ 焼肉のタレ ………… 大さじ5
　┃ 白ねりごま（またはピーナッツバター）・
　┃ 　トマトケチャップ … 各大さじ2
　┃ レモン汁・酒 ……… 各大さじ1
　┃ にんにく・しょうが（すりおろし）
　┃ ………………………… 各1片分
イタリアンパセリ（お好みで）…… 適量

作り方

1　豚スペアリブは骨と肉の間に切り込みを入れる。
2　内鍋にAと1を一緒に入れて混ぜる。

スイッチON　自動調理メニュー 「豚の角煮」で加熱する。

完成！　器にスペアリブを盛り、タレをかけたらお好みでイタリアンパセリをのせる。

point！ 加熱終了後、肉を取り出した後、タレはそのまましばらく置いて、上に浮いた脂を取り除いて使ってください。

STOCK

保存期間：冷蔵2〜3日
　　　　　冷凍約1ヵ月

オリジナルサラダチキン

そのまま食べてもサンドイッチやサラダの具に使っても。残った汁はおいしいスープになります。

作り置きレシピ

STOCK
保存期間：冷蔵3〜4日
冷凍約1ヵ月

鍋に材料を入れるまで **4分**

メニュー▷カテゴリー▷煮物▷魚介▷さばのみそ煮(20分)	
HT24B	自動▷煮物2－10
HT99B/HT16E	自動▷煮物2－10
HT99A	自動▷煮物1－9

材料　作りやすい分量

- 鶏むね肉……………… 2枚（約600g）
- A
  - 水 …………………… 1カップ
  - 固形コンソメスープの素 … 1個
  - 酒 …………………… 大さじ2
  - ドライハーブミックス … 小さじ1
  - 塩 …………………… 小さじ1/2
  - こしょう …………… 少々
- リーフレタス・トマト（くし形切り）
  ……………………………… 各適量
- マヨネーズ（またはごまダレ・お好みで）
  ……………………………… 適量

作り方

1. 鶏肉は皮を除く。
2. 内鍋に1をできるだけ重ならないように並べ、Aを入れる。

スイッチON 自動調理メニュー「さばのみそ煮」で加熱する。汁ごと冷ます。

完成！ 食べやすく切って器に盛り、お好みでマヨネーズやごまダレをかけ、リーフレタス、トマトを添える。

point! 冷凍保存するときはチャック付きポリ袋に、汁を少し一緒に入れて冷凍すると、しっとり感がキープできます。薄く切ってぴったりとラップをしてからチャック付きポリ袋に入れて冷凍すれば、さらに解凍がラクになります。

作り置き

お好みで八角や五香粉を使えばより本格的な味に！
すぐに食べないときは肉を冷ましてから切るのがおすすめ。

煮豚

鍋に材料を入れるまで **3分**

メニュー▷カテゴリー▷煮物▷肉▷豚の角煮（1時間35分）	
HT24B	自動▷煮物2-7
HT99B/HT16E	自動▷煮物2-7
HT99A	手動▷煮物1-2（まぜない）95分

保存期間：冷蔵3〜4日
冷凍約1ヵ月

材料　作りやすい分量

豚肩ロース肉（塊）… 2本（800〜900g）
水………………………… 1/2カップ強
しょうゆ………………… 1/2カップ
酒・みりん……………… 各1/4カップ
砂糖……………………… 大さじ3・1/2
ごま油…………………… 小さじ1
しょうが（薄切り）…………… 1片分
長ネギ（青い部分）…………… 1本分

※内鍋に入る肉の量であれば、豚肉は、1本（400〜500g）なら3本まで同じ調味料で作れます。

作り方

1 内鍋に材料の全てを入れる。
スイッチON 自動調理メニュー「豚の角煮」で加熱する。
加熱の途中で一度蓋を開け、味が均一になるよう肉の上下を返す。

2 加熱終了後、できればそのまま煮汁につけて冷ますと味が染み込む。

 point! 2のときに半熟ゆで卵（4〜8個）を漬けておくと味付け卵が作れます。冷凍するときは、ゆで卵は除きましょう。

たくさん作って小分けにしておけば、お弁当や休日のお昼ごはんなどにも大活躍！

牛すき煮

鍋に材料を入れるまで **5** 分		
メニュー▷カテゴリー▷煮物▷肉▷回鍋肉（20分）		
HT24B	自動▷煮物2－13	
HT99B/HT16E	自動▷煮物2－13	
HT99A	自動▷煮物1－20	

作り置きレシピ

材料　4人分
- 牛切り落とし肉……… 400g
- 玉ねぎ……… 1個
- A
  - しょうが（千切り）……… 1片分
  - しょうゆ・砂糖……… 各大さじ3
  - 酒……… 大さじ1
- ごはん……… 適量
- 七味唐辛子・紅しょうが（各お好みで）……… 各適量

まぜ技ユニット

作り方
1. 牛肉は3～4cm幅に切り、玉ねぎは8mm幅の薄切りにする。
2. 内鍋に1、Aを入れる。

スイッチON 自動調理メニュー「回鍋肉」で加熱する。

完成！ ごはんの上に盛り付け、お好みで七味唐辛子をふり、紅しょうがを添える。

STOCK

保存期間：冷蔵3～4日　冷凍約1ヵ月

73

作り置き

骨まで食べられるほどやわらかい食感。
梅干しの風味がよりおいしさを引き出します。

さんまの やわらか梅煮

鍋に材料を入れるまで **5** 分

メニュー▷カテゴリー▷煮物▷魚介▷さんまの骨までやわらか煮(2時間30分)	
HT24B	自動▷煮物 2-20
HT99B/HT16E	自動▷煮物 2-20
HT99A	自動▷煮物 1-11

材料　4人分

- さんま（下処理済）……………… 4尾
- A
  - 酒 ……………………… 1/2カップ
  - 梅干し … 大1個（小さめの場合は2個）
  - しょうが（千切り）………… 1片分
  - みりん ……………………… 大さじ3
  - 砂糖 ………………………… 大さじ2弱
  - 酢 …………………………… 大さじ1
  - しょうゆ …………………… 大さじ1/2
  - 山椒の実（お好みで）……… 小さじ1

作り方

1. さんまは3〜4等分の筒切りにし、さっと洗ってペーパータオルで水気をよくふきとる。
2. 内鍋にAを入れ、1をできるだけ重ならないように並べる。

 スイッチON　自動調理メニュー「**さんまの骨までやわらか煮**」で加熱する。

point! さんまの下処理は頭と内臓を除き、手早く洗ってペーパータオルで水気をふきます。調理前に骨の間の血合いを指でなぞって、流水でさっと洗い流すと臭みがやわらぎます。スーパーの魚コーナーなどにお願いしてもいいでしょう。

STOCK

保存期間：冷蔵3〜4日
冷凍約2週間

作り置き

ホットクックで自家製オイルサーディン。
ごはんのおかずはもちろんおつまみとしても◎！

いわしのオイルサーディン

作り置きレシピ

STOCK

保存期間：冷蔵3〜4日
冷凍約2週間

鍋に材料を入れるまで **5分**

メニュー▷カテゴリー▷煮物▷魚介▷さんまの骨までやわらか煮(2時間30分)	
HT24B	自動▷煮物2-20
HT99B/HT16E	自動▷煮物2-20
HT99A	自動▷煮物1-11

材料　作りやすい分量（4人分）

いわし（下処理済）……………… 8尾
塩・こしょう……………………… 各少々
にんにく…………………………… 1〜2片
鷹の爪……………………………… 1本
A ┌ オリーブオイル ……… 3/4カップ
　│ 白ワイン（または酒）……… 大さじ2
　│ 塩 … 小さじ1/4（またはひとつまみ）
　└ ローリエ（お好みで）……… 2枚
レモン（輪切り・お好みで）……… 適量

作り方

1　いわしは塩・こしょうをし、大きければ半分に切る。
2　にんにくは芯を除き、3〜4等分に切り、鷹の爪は種を除く。
3　内鍋に **1** を並べ、**2**、A を加える。
スイッチON　自動調理メニュー「さんまの骨までやわらか煮」で加熱する。

完成！　お好みでレモンを飾る。

 point!　いわしの下処理は、包丁の背でこすって鱗を除き、頭を落としたら、腹側に切り込みを入れて内臓を取り出し、手早く洗ってペーパータオルで水気をふきます。作ってすぐでも食べられますが、冷蔵庫でひと晩おくと味がさらに染みます。

作り置き

定番のラタトゥイユをより作りやすくシンプルにしました。
そのままでも冷やしてもおいしい。

ラタトゥイユ

鍋に材料を入れるまで **5 分**

メニュー▷カテゴリー▷煮物▷肉▷ビーフカレー (45分)	
HT24B	自動▷カレー・スープ 1 − 2
HT99B/HT16E	自動▷カレー・スープ 1 − 2
HT99A	自動▷煮物 1 − 15

STOCK

保存期間：冷蔵 2 〜 3 日
冷凍約 2 週間

材料　4人分

トマト	3個
なす	2本
ズッキーニ	1本
パプリカ（赤・黄）	各1個
玉ねぎ	1個
A にんにく（粗みじん切り）	1片分
A ローリエ	2枚
A オリーブオイル	大さじ2
A 塩	小さじ1
A こしょう	少々

作り方

1. トマトはざく切り、なすは5mm厚さの輪切り（または半月切り）、ズッキーニは8mm厚さの半月切り、パプリカは縦半分に切ってから横1cm幅に切り、玉ねぎは薄切りにする。
2. 内鍋に **1**、**A** を入れる。

スイッチON 自動調理メニュー「ビーフカレー」で加熱する。

 ベーコンを加えるとコクがUPしてさらにおいしくなります。

いなり揚げ

しっかり味の染みたいなり揚げ。
うどんにのせたり、刻んで混ぜごはんにも。

作り置きレシピ

STOCK
保存期間：冷蔵3〜4日
　　　　　冷凍約2週間

鍋に材料を入れるまで **5分**

メニュー▷カテゴリー▷煮物▷魚介▷ぶり大根 (45分)	
HT24B	自動▷煮物2-11
HT99B/HT16E	自動▷煮物2-11
HT99A	自動▷煮物1-10

材料　作りやすい分量（20枚分）

油揚げ……………………………… 10枚
A｜だし汁 …………… 1・1/2カップ
　｜砂糖 ………………………… 大さじ4
　｜しょうゆ・みりん …… 各大さじ3
　｜酒 …………………………… 大さじ2

point!
作ってすぐより、ひと晩煮汁に漬けておくとよく味が染みておいしいです。

作り方

1. 油揚げはまな板の上で菜箸などを転がして開きやすくし、半分に切る（おいなりさん用に開きやすく、半分の大きさに切ってあるタイプが便利）。熱湯を回しかけて油抜きをする。
2. 内鍋に1を並べてAを加え、オーブンシートで落とし蓋をする。

 自動調理メニュー「**ぶり大根**」で加熱する。

完成！ おいなりさんを作るときは、酢飯を軽く握ってからまとめ、汁気を軽くしぼったいなり揚げの中に詰め、詰め終わりを折りたたむようにしてとじる。

＊酢飯の作り方（約14個分）

材料

米 ……………………………………… 2合
A｜酢 ………………………………… 大さじ3
　｜砂糖 ……………………… 大さじ2・1/2
　｜塩 ………………………………… 小さじ1

作り方

1. 米はといで、炊飯器の目盛りよりやや少なめに水を入れ、30分吸水させて炊く。
2. スイッチが切れたらすぐにボウルに移し、混ぜ合わせたAをかける。うちわであおぎながら切るようにごはんを混ぜ、粗熱を取る。

蒸し野菜ストックを作ろう！

蒸し野菜をかんたんに作ることができるのも、ホットクックの魅力のひとつ。ゆでるより栄養も逃げず、うまみも残ります。いろいろな野菜を蒸すことができますが、ここではブロッコリーとじゃがいもの蒸し方を解説します。さまざまなお料理に応用してみてくださいね。

保存期間：冷蔵2〜3日

ブロッコリーの蒸し方

① ブロッコリー1株は、小房に分けて、水で洗う。

② まぜ技ユニットを付け、①を水気をつけたまま、ホットクックの内鍋に入れたら、スイッチON 自動▷カテゴリー▷ゆで物▷ブロッコリーを選択してスタート。

じゃがいもの蒸し方

① じゃがいも2〜4個は、皮をむいて4〜8等分に切り、さっと水にさらして水気をつけたまま内鍋に入れる。

② まぜ技ユニットを付け、①に水大さじ3を加えて スイッチON 自動▷カテゴリー▷ゆで物▷じゃがいもを選択してスタート。

ほかにもおすすめの野菜

にんじん 1〜2本を、皮をむいて5〜8mm厚さの輪切りにし、内鍋に水大さじ3と一緒に入れる。スイッチON 自動▷カテゴリー▷ゆで物▷ブロッコリーを選択してスタート。

キャベツ 1/4個（300g）を、ざく切りにして洗い、水気がついたまま内鍋に入れる。スイッチON 自動▷カテゴリー▷ゆで物▷ブロッコリーを選択してスタート。料理に使うときは、軽く水分を絞る。

かぼちゃ 1/4個（300g）を、種とわたを除いて3〜4cm角に切り、内鍋に水大さじ3と一緒に入れる。スイッチON 自動▷カテゴリー▷ゆで物▷かぼちゃを選択してスタート。

point!

- ブロッコリー、キャベツなど水分がある野菜は、洗った水気を利用して加熱するとよいでしょう。
- 根菜などのかたくて水分が少ないものは、水を大さじ2〜3加えて加熱するのがコツです。
- キャベツ、さやいんげんなどは、"ブロッコリー"のメニューキーを使って加熱しますが、仕上がりを見てお好みで調節してください。
- 蒸し野菜は一度にたくさん作ってストックしておくと便利です。

※各機種の自動調理メニューのキーをご確認の上、加熱してください。

作り置きレシピ

蒸し野菜ストックをアレンジ

蒸しキャベツで
サラダやスープ、
みそ汁の具材にも◎。

しらすとキャベツの相性がよく、
食卓に並ぶのが楽しみになる一品。

キャベツのごまあえ

材料 4人分

蒸しキャベツ（作り方P.78・ざく切り）
……………………………………… 1/4個分
しらす……………………………………… 20g
白いりごま……………………………… 小さじ1
しょうゆ…………………………… 小さじ1～1・1/2

作り方

1 キャベツは余分な水分を軽くきり、他の材料とあえる。

蒸しブロッコリー＆
じゃがいもで
お弁当のすき間に、
メイン料理の
つけ合わせにも◎。

濃厚なオーロラソースで
野菜がもりもり食べられます！

温野菜のオーロラサラダ

材料 4人分

蒸しブロッコリー（作り方P.78・小房に分ける）
……………………………………… 1/2株分
蒸しじゃがいも（作り方P.78）
……………………………………… 1個分
A｜トマトケチャップ・マヨネーズ ……… 各大さじ2

作り方

1 Aを混ぜ合わせ、温野菜にかける。

蒸しかぼちゃ＆
にんじんで
サラダやスープ、
離乳食にも◎。

野菜の甘みとツナマヨのうま味が絡みあって
つい箸が進んでしまう一品。

かぼちゃ＆にんじんの
ツナサラダ

材料 4人分

蒸しかぼちゃ（作り方P.78・3cm角）
……………………………………… 1/8個分
蒸しにんじん（作り方P.78・5mm厚さの輪切り）
……………………………………… 1/2本分
ツナ油漬缶……………………… 1/2缶（35g）
マヨネーズ……………………………… 大さじ1・1/2

作り方

1 ツナは汁気をきる。
2 1、かぼちゃ、にんじんをマヨネーズであえる。

保存期間：冷蔵2〜3日
　　　　　冷凍2週間

豆の水煮を作ろう！

時間のかかる豆の下ゆでも、ホットクックにおまかせで、かんたんにふっくらおいしく作れます。作った水煮は、次ページで活用法を紹介しています。ぜひ参考にしてみてください。

point!
下ゆでした豆を冷凍するときは水気をきって冷凍用ポリ袋に豆が重ならないように入れて冷凍します。

※五目豆を作るときは、スイッチが1回止まったところで残りの具材を追加します。豆の水煮を作るときはそのままスイッチを切り、内鍋ごと取り出して少し冷めたらそのままにせず、すぐにザルにあげて煮汁を捨ててください。

大豆の水煮の作り方

材料
・乾燥大豆……………250〜300g
・水…900ml（豆の重量の約3〜4倍）

① 大豆は皮を傷つけないよう静かに優しく洗って、あらかじめ豆の重量の約4〜5倍の水（分量外）に浸しておく。

② 大豆がふくらんでくるまで浸しておく（購入した豆のパッケージに記載された時間を参照）。写真は8時間ほど浸したところ。

③ 大豆を浸しておいた水を捨て、新しい分量の水と大豆を内鍋に入れ、スイッチON▷自動▷カテゴリー▷煮物▷五目豆を選択してスタート。このとき入れる水は、内鍋MAXの水位線を超えないように注意。

④ スイッチが1回止まったら（※）ザルにあげて煮汁を捨てる。水気をきった状態で清潔な保存容器に入れて保存する。

金時豆の水煮の作り方

保存期間：冷蔵2〜3日
　　　　　冷凍2週間

材料
金時豆………250〜300g
水……………………900ml

1 金時豆は洗って1L（豆の重量の約4倍・分量外）の水に、6〜12時間浸し（購入した豆のパッケージに記載された時間を参照）、豆の皮のしわがのびるまで浸す。
2 浸しておいた水を一度捨て、分量の水（900ml）と戻した豆をホットクックの内鍋に入れる。
3 スイッチON▷自動▷カテゴリー▷煮物▷五目豆を選択してスタート。
4 スイッチが1回止まったら（※）ザルにあげて煮汁を捨て、清潔な保存容器に入れる。豆が乾くと皮がやぶけるので一緒に新しい水を入れて保存する。

白花豆の水煮の作り方

保存期間：冷蔵2〜3日
　　　　　冷凍2週間

材料
白花豆………250〜300g
水……………………900ml

1 白花豆は洗って1L（豆の重量の約4倍・分量外）の水に、約12時間浸し（購入した豆のパッケージに記載された時間を参照）、豆の皮のしわがのびるまで浸す。
2 浸しておいた水を一度捨て、分量の水（900ml）と戻した豆をホットクックの内鍋に入れる。
3 スイッチON▷自動▷カテゴリー▷煮物▷五目豆を選択してスタート。スイッチが1回止まったら（※）そのまま余熱で30分蒸らす。
4 ザルに上げて煮汁を捨て、清潔な保存容器に入れる。豆が乾くと皮がやぶけるので一緒に新しい水を入れて保存する。

point! 下ゆでした豆を甘煮にするときは、新しい水を加え、砂糖（浸す前の豆の重量と同量を目安に増減する）と、塩ひとつまみを入れて弱火で10〜30分煮ます。煮崩れしやすいので様子を見ながら加熱してください。

※各機種の自動調理メニューのキーをご確認の上、加熱してください。

白花豆で

作り置きしておいた、豆と野菜をあえるだけ！

豆とセロリとアボカド＆グレープフルーツのマリネサラダ

豆の水煮ストックをアレンジ

作り置きレシピ

材料 4人分

白花豆水煮(作り方 P.80)…150g	
セロリ……………………1本	A オリーブオイル…大さじ2〜3
グレープフルーツ…………1個	レモン汁………大さじ1・1/2
アボカド……………………1個	塩・粗びき黒こしょう…各少々

作り方

1 セロリは筋を取って斜め薄切りにし、葉の部分はざく切りにする。アボカドは種と皮を除いて2cm角に切り、レモン汁をまぶしておく。
2 グレープフルーツは皮をむき、房から実を取り出して半分に切る。
3 白花豆、1、2、A を軽く混ぜ合わせる。

作り置き

スパイスが苦手な場合は、使わなくてもおいしく仕上がります！

チリビーンズ

保存期間：冷蔵 2〜3日 / 冷凍 2週間

材料 4人分

金時豆水煮(作り方 P.80)…250g	トマト水煮……………1カップ
合いびき肉………………300g	塩………………小さじ1/2〜2/3
玉ねぎ……………………1/4個	A オールスパイス(お好みで)…少々
セロリ（茎）………………1/4本	鷹の爪（輪切り）…ひとつまみ
	チリパウダー・刻みパセリ(お好みで)………各適量

作り方

1 玉ねぎはみじん切り、セロリは筋を取ってみじん切りにする。
2 内鍋に合びき肉、1、A を入れる。
スイッチON 自動調理メニュー「さばのみそ煮」で加熱する。
3 金時豆を加え、追加で5分加熱延長する。
完成！ お好みでチリパウダー、パセリをふる。

金時豆で

メニュー▷カテゴリー▷煮物▷魚介▷さばのみそ煮(20分)		
HT24B	自動▷煮物	2 - 10
HT99B/HT16E	自動▷煮物	2 - 10
HT99A	自動▷煮物	1 - 9

大豆で

作り置き

甘じょっぱい味付けとお豆の食感がおいしい。おやつにもおつまみにも。

大豆じゃこ

保存期間：冷蔵 2〜3日 / 冷凍 2週間

材料 作りやすい分量

大豆水煮(作り方 P.80)…200g	A 砂糖………大さじ2・1/2
ちりめんじゃこ……………20g	しょうゆ……大さじ1・1/3
片栗粉……………………大さじ1	
サラダ油…………………大さじ1	

作り方

1 ポリ袋に大豆水煮と片栗粉を入れ、口をとじてふり、片栗粉をまぶす。
2 フライパンにサラダ油を中火〜強火で熱し、1、ちりめんじゃこを入れてフライパンをゆすりながら炒める。カリカリになったら、A を加えて煮絡める。
3 オーブンシートなどに広げて味がなじむまで冷ます。

81

手作りあんこを作ろう！

すっきりとした甘みの渋みがないあんこを手作りで！ 大豆とは異なり、小豆は最初に水に浸さないのが作り方の特徴です。

point!
- あんこは冷めるとできたてよりも少しかたくなります。使う用途によって、少し煮詰めたり、水を加えて煮直すのがコツです。
- ゆであずきとして赤飯にしたいときは、残り時間1時間50分くらいで止めます（約50分～1時間加熱）。少し豆がかたい状態で取り出し、煮汁も一緒にもち米に加えて炊きます。

保存期間：冷蔵2～3日　冷凍2週間

材料（できあがりの目安700g）

乾燥小豆	250g
水	600ml
砂糖	250g（豆と同量を目安に、お好みで±20gで調節）
塩	ひとつまみ

 まぜ技ユニット

作り方

① 小豆は静かに優しく洗い、ホットクックの内鍋に洗った小豆と下ゆで用の水（600ml・分量外）を入れる。

② スイッチON≪ 手動▷煮物（まぜない）で5分加熱する。

③ 加熱が終わったら、一度取り出し、ゆでこぼす（ゆでこぼして、アクを除くと渋味がとれてすっきりとした味わいになる）。

このひと手間でぐ～んとおいしさUP！

④ 再び内鍋に③と分量の水（600ml）を入れ、スイッチON≪ 自動▷カテゴリー▷お菓子▷つぶあんで途中の報知音がなるまで加熱する。

⑤ ホットクックの報知音が鳴ったら蓋をあけ、砂糖と塩を加える。再度スイッチを押して加熱する。

⑥ できあがり。完全に冷めたら、冷蔵の場合は保存容器、冷凍の場合は小分けにし、チャック付きポリ袋に入れて保存しましょう。

手作りあんこをアレンジ

作り置きレシピ

作ったあんこで和風スイーツも。

白玉小豆寒天
（あんみつ風）

材料 1人分

あんこ（作り方P.82） ………… 大さじ2
白玉（ゆでたもの） ………… 3〜4個
寒天入りのフルーツ缶 ………… 適量
黒蜜（お好みで） ………… 適量

作り方

1 白玉、寒天、水気をきったフルーツ、あんこを器に盛る。
2 お好みで黒蜜をかける。

香ばしいトースト上に
バターの香りとあんこの甘み。

あんバタートースト

材料 1人分

あんこ（作り方p.82） ………… 大さじ2
食パン（6枚切り） ………… 1枚
バター ………… 5g

作り方

1 パンはトーストする。
2 1にあんこをのせて塗り、バターをのせる。

LESSON 3 — ホットクックで作り置き！
保存のコツをマスターしよう！

時間があるときに、ホットクックでまとめて調理して作り置きしておけば、忙しい平日は温め直すだけ！ホットクックで作った料理をおいしく、長持ちさせる保存のコツをご紹介します。

3つの基本ルール

冷凍保存にはチャック付きポリ袋が便利！

冷蔵保存におすすめ！
- ホーロー容器（直火がOK）
- ガラス製保存容器（そのままレンチンできる！）

1 清潔な容器や保存袋を用意して

保存容器はよく洗い、完全に乾かしたものを用意しましょう。水滴や汚れは腐敗の原因になります。またチャック付きポリ袋を使う場合は、使い回しは避けましょう。

2 完全に冷ましてから冷蔵庫や冷凍庫へ

温かい料理は完全に冷めてから、清潔な箸やスプーンなどで保存容器やチャック付きポリ袋に入れ、冷蔵庫または冷凍庫で保存してください。温かい状態で保存すると、冷蔵庫や冷凍庫にあるほかの食材を傷ませる原因になります。

3 取り分けるときは清潔な箸やスプーンで

保存した料理を食べるときは、食べる分だけを清潔な箸やスプーンでお皿に取り分けてください。直箸や手で触れてしまうと食材の腐敗につながり、日持ちが悪くなるので厳禁です。

LESSON 4 — 日々のこんなシーンで活躍！
ホットクックを使いこなそう！

そろそろレシピのバリエーションも増え、ホットクックにもだいぶ慣れてきたところでしょうか。いいえ！まだまだ、ホットクックは奥が深いですよ。日常の様々なシーンで活躍できるので、こちらを参照に、あなたもめざせホットクックマスター！

SCENE1 忙しい人の強い味方！

ホットクックがほっとくうちに調理してくれるので、ごはんができるまで他の家事に時間を使えます。

SCENE2 「あれ？火を消したっけ？」の心配ご無用！

煮物や煮込み料理で火のそばにつきっきり…なんてこともありません。ガスや火の元の心配もなく、誰が作っても安心です。

SCENE3 はじめてのひとり暮らしや単身赴任に

ボタンひとつでおいしいプロの味が完成するので、お料理デビューの方にもおすすめ。

SCENE4 家族のごはんに離乳食・介護食があるとき

料理中に鍋をあけて取りわけられるので、状況に応じたやわらかさにしたり、調味加減も自由自在！

SCENE5 食事の時間帯がバラバラのご家庭も

保温機能がついているので、家族の食事の時間がバラバラでも好きなときに温かいごはんが食べられます。

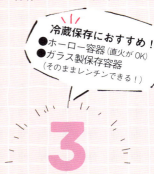

第4章

楽しい集まりにぴったり！ホットクックの
とっておきレシピ

ローストビーフやチーズケーキなど、少し手の込んだお料理やスイーツもホットクックで作ってみましょう。この章では子どもから大人まで楽しめるメニューを紹介。みんなが集まるホームパーティーなどでぜひ作ってみてください。

鍋に材料を入れるまで **10**分 （下準備の時間は含まない）

手動▷発酵▷低温調理する▷温度65度▷40分	
HT24B	手動▷発酵6▷温度65度▷40分
HT99B/HT16E	手動▷発酵6▷温度65度▷40分
HT99A	手動▷発酵5▷温度65度▷40分

お肉の断面の美しさに悶絶！しばらく冷まして肉汁を落ち着かせ、冷蔵庫で冷やすとより薄く切れますよ。

ローストビーフ

材料　作りやすい分量

- 牛もも肉（ローストビーフ用塊）… 500〜600g
- 塩 ………………………………… 小さじ1
- 粗びき黒こしょう ……………… 適量
- バター …………………………… 10g
- A
  - 玉ねぎ（すりおろし）… 大さじ1・1/2
  - にんにく（すりおろし）… 小さじ1/2
- B
  - 赤ワイン ………………… 1/2カップ
  - しょうゆ ………………… 大さじ1/2
  - 砂糖 ……………………… 少々
- 水溶き片栗粉 …………………… 少々
- クレソン・蒸しじゃがいも …… 各適量

作り方

下準備　牛肉に塩、粗びき黒こしょうをまんべんなくふり、ラップでぴっちり包んで30分ほど室温に戻す。

1. フライパンにバターを熱し、強火で牛肉を焦げ目がつくまで全面を焼く（殺菌のためなので、横の部分も忘れずにしっかりと焼く）。
2. 1にAを加えてさっと混ぜ、火を止める。
3. 少し冷ましてから耐熱調理用のポリ袋に2を汁ごと入れ、空気を抜いてしっかり密封する。内鍋に袋ごと入れ、肉が隠れる程度の湯（65〜70度）を加える。

   スイッチON 低温調理65度で40〜50分加熱する。

   ※袋ごと取り出してできるだけ早く粗熱をとり、冷蔵庫で冷ます。やけどに気をつけて袋の上から肉を押し、生っぽくやわらかすぎるようであれば、加熱延長で様子を見る。

4. 牛肉を焼いたフライパンを中火で熱し、Bを加えて混ぜながら、2〜3分煮て、水溶き片栗粉をごく少量混ぜながら、程よい濃さに調節し、ソースを作る。

完成！　薄く切り分けて器に盛り、ソースをかけ、クレソン、じゃがいもを添える。

とっておきレシピ

チーズフォンデュ

ホットクックの内鍋でチーズフォンデュ。
保温しながら食べるのがオススメ。

鍋に材料を入れるまで **5分**

手動▷発酵▷低温調理する▷温度80度▷15分

HT24B	手動▷発酵6▷温度80度▷15分
HT99B/HT16E	手動▷発酵6▷温度80度▷15分

※ HT99Aには、80度設定がないので、65度で様子を見ながら40分くらい温めてください。

材料　作りやすい分量

- 溶けるチーズ……………… 300g
- コーンスターチ(または片栗粉)… 大さじ1
- にんにく……………………… 1片
- A
  - 白ワイン ……………… 1/3カップ
  - 牛乳 ……………………… 大さじ4
  - 塩・こしょう ……………… 各少々
- ＊具材
  - バゲット(ひと口大に切る)… 1/2本
  - ゆでウインナー(粗びき)……… 8本
  - 蒸しブロッコリー …………… 1株
  - 蒸しじゃがいも ………… 2～3個

作り方

1 チーズにコーンスターチをまぶす。
2 内鍋ににんにくの断面をこすりつけ、1、Aを入れる。

スイッチON 低温調理80度、15分に設定し、チーズが溶けるまで加熱し、混ぜる。

具材にチーズを絡めながら食べる。

 point!　チーズが溶けないときは、加熱延長5～10分で様子を見ましょう。チーズが溶けたら保温にします。

スープカップを型のかわりに使ったおおきなプリン。
大きな厚手のカップで必ず作ってね。

おおきなプリン

| 材料 | 600mlの耐熱スープカップ1個分（約2人分） |

卵…………………………… 2個
砂糖………………………… 50g
牛乳………………………… 1カップ
バニラエッセンス………… 少々
＊カラメルソース
　砂糖…………………… 大さじ2
　水・湯………………… 各大さじ1/2

蒸し板

鍋に材料を入れるまで **10**分

メニュー▷カテゴリー▷蒸し物▷茶わん蒸し (20分)	
HT24B	自動▷蒸し物4－4
HT99B/HT16E	自動▷蒸し物4－4
HT99A	自動▷蒸し物2－3

＊ HW16Fで調理する場合は市販の蒸し板等を使用し、手動▷蒸す▷10分で加熱します。中の様子をみて加熱延長で調整してください。

作り方

下準備 型になる器に薄く油またはバター（分量外）を塗っておく。

1 小さめのフッ素樹脂加工のフライパンにカラメルソースの砂糖と水を入れて中火で熱する。

2 フライパンをときどきゆするようにしながら、あめ色になるまで加熱する（スプーンなどで混ぜるとあめ状になってしまうので注意）。

3 茶色に色づいたら火を消し、はねるのでやけどに注意しながら湯を加えて再度ゆすり、すぐに器に入れる。

4 別の耐熱容器に牛乳を入れて電子レンジで40～50秒かけ、人肌程度に温める。

5 ボウルに砂糖と卵を混ぜ、**4** とバニラエッセンスを入れ、泡立て器で混ぜ合わせる。茶こしでこしながら **3** の器に注ぎ入れ、アルミホイルをしっかりかぶせて蓋をする。

6 内鍋に水1カップ（分量外）を入れ、蒸し板をセットする。このとき布巾を一枚下に敷くか、ペーパータオルを2枚重ねて **5** をのせる。

スイッチ①ON 自動調理メニュー「茶わん蒸し」で加熱する。

7 加熱終了後、蓋を取ってみて中心が少し生っぽい場合は、もう一度蒸し板にのせて、蓋をして余熱でそのまま10分蒸らす。粗熱が取れたら冷蔵庫でしっかりと冷やす。

| 鍋に材料を入れるまで **7**分 |

メニュー▷カテゴリー▷蒸し物▷茶わん蒸し (20分)	
HT24B	自動▷蒸し物 4－4
HT99B/HT16E	自動▷蒸し物 4－4
HT99A	自動▷蒸し物 2－3

＊ HW16Fで調理する場合は市販の蒸し板等を使用し、手動▷蒸す▷10分で加熱します。中の様子をみて加熱延長で調整してください。

とっておきレシピ

蒸気たっぷりで蒸すので、オーブンやレンジに比べて
ふっくらときれいに仕上がります。

にんじん＆レーズン蒸しパン

蒸し板

材料　直径6cmプリンカップ 約5～6個分

卵（室温に戻す）……………… 2個
A {
　にんじん（すりおろし）……… 1本分（正味80g）
　砂糖 ……………………… 大さじ2
　サラダ油（あれば太白ごま油）… 大さじ1・1/2
　レモン汁 ………………… 大さじ1
}
ホットケーキミックス………… 150g
レーズン……………………… 40g

作り方

1. ボウルに卵を入れて泡立て器で混ぜる。Aを順に加えてその都度よく混ぜ合わせる。
2. **1**にホットケーキミックスを加え、ゴムベラでさっくり混ぜる。
3. 上に飾る用のレーズンを少し残し、レーズンを加えてさっくり混ぜる。
4. プリンカップなどにマフィン型を敷き、**3**の生地を八分目まで流し入れる。
5. 内鍋に水1カップ（分量外）を入れ、蒸し板をセットして**4**をのせる。
　スイッチON 自動調理メニュー「茶わん蒸し」で加熱する。

 一度にすべて加熱できないときは2回に分けて加熱しましょう。
プリンカップの代わりに100円ショップや製菓材料コーナーにある厚手のアルミカップなどでも作れます。

バナナの甘い香りが漂い
生地もふわふわ！

バナナケーキ

鍋に材料を入れるまで **10分**	
手動▷ケーキを焼く（1時間～1時間20分）	
HT24B	手動▷お菓子7（1時間～1時間20分）
HT99B/HT16E	手動▷お菓子7（1時間～1時間20分）
HT99A	手動▷お菓子6（1時間～1時間20分）

材料　内鍋1個分

バナナ	1本（正味70g）
レモン汁	大さじ1
バター（室温に戻す）	80g
砂糖	90g
卵（室温に戻す）	1個
牛乳	大さじ2
A 薄力粉	150g
ベーキングパウダー	小さじ2
粉砂糖	適量

 加熱終了後すぐに取り出さず、そのまま少し蒸らした後、粗熱が取れてから取り出すと崩れにくく仕上がりがキレイに！

下準備　Aはふるっておく。内鍋の底にオーブンシートを5cm幅に2本切って十文字に敷く（Ⓐ）。底よりやや大きめに切ったオーブンシートを図のように、四隅を切って点線の部分に切り込みを入れてⒶに重ねる（Ⓑ）。オーブンシートのないところはバターを塗る。

作り方

1. バナナは1cm幅に切り、ボウルに入れてレモン汁を混ぜる。
2. 別のボウルにバターを入れて泡立て器で混ぜ、砂糖、卵、牛乳、**1**の順に加えてその都度混ぜる。
3. **2**にAを加え、生地が均一になってつやが出るまで練らないように、ゴムベラで混ぜる。
4. 内鍋に**3**を流し込み、表面を平らにならす。

スイッチON▷ 手動調理「**ケーキを焼く**」で1時間～1時間20分加熱する。
竹串をさして仕上がりを確認する。Ⓐのオーブンシートを持って取り出す。

完成！ 器に盛り、粉砂糖をふる。

材料を混ぜてスイッチを押すだけで
絶品のスイーツが完成！

チーズケーキ

とっておきレシピ

鍋に材料を入れるまで **7**分		
メニュー▷カテゴリー▷**お菓子**▷**ブラウニー**（40分）		
HT24B	自動▷お菓子 7 － 2	
HT99B/HT16E	自動▷お菓子 7 － 2	
HT99A	自動▷お菓子 6 － 2	

材料　内鍋1個分

クリームチーズ（室温に戻す）… 200g

A
砂糖 …………………………… 80g
卵（室温に戻す）……………… 2個
生クリーム …………………… 120ml
レモン汁 ………… 大さじ 1・1/2
薄力粉 ………………………… 20g

作り方

下準備　内鍋に沿って切ったオーブンシートを敷いておく（P.90 下準備参照）。

1 ボウルにクリームチーズを入れてゴムベラで練ってやわらかくする。

2 1 に A を順に加え、その都度泡立て器でよく混ぜる。

3 内鍋に 2 を入れる。

スイッチ ON 自動調理メニュー「**ブラウニー**」で加熱する。

4 スイッチが切れたらそのままペーパータオルを蓋の代わりにかけて冷ます。粗熱が取れたらオーブンシートごと取り出し、ラップなどをして冷蔵庫でしっかりと冷やす。

91

困ったときの Q&A

ホットクックのよくある疑問をまとめました。困ったことがあったら、まずはこちらを参考にしてみてください。

ホットクックの仕様・機能について

 圧力鍋とは違うの？

 圧力鍋は、短時間で一気に食材に火を通しますが、ホットクックはじっくりコトコトほっとくだけで食材に火を通すことが可能で、さらに加熱しながらかき混ぜることができます。また途中で蓋を開けて中を確認することもできます。

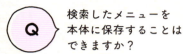 検索したメニューを本体に保存することはできますか？

 無線LAN対応の機種の場合、可能です。ホットクック本体または、専用アプリからメニューを検索して、気に入ったメニューをダウンロードして「保存する」を選択すると、「ダウンロードメニュー」にメニューが保存されます。
※ 最大登録可能メニュー数は30メニューです。30メニューに達すると、保存した日付が古いメニューから順に削除されます。

使い方・調理について

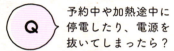 予約中や加熱途中に停電したり、電源を抜いてしまったら？

 停電や不注意などで電源が切れてしまっても、10分以内に電気が戻れば、引き続き加熱を行います。10分以上経過してしまうと調理を終了し、復旧後停電があったことをエラー表示でお知らせします。

 レシピの人数量を増やしたり、減らしたりしたいときはどうすればいいですか？

 記載の分量が4人分の場合、2人分は半量、6人分は1.5倍量にしてください。食材から出る水分量が違うので、様子を見ながら加熱してください。

お手入れについて

 使ったあとはどうすればいいですか？

 台所用合成洗剤（中性）をスポンジに含ませて洗います。十分にすすいで水気をしっかりふきとって乾燥させます。内鍋以外は食器洗い乾燥機（※）を使用できます。
※ ご使用の機種の取扱説明書をよくお読みになってからご使用ください。

 こびりついた汚れはどうしたらいいですか？

 「お手入れモード」（※）で洗浄します。内鍋の水位MAXの線まで水を入れ、1カップ弱の重曹を加えて「お手入れモード」を選択します。終了後、そのまま数時間放置し、やわらかいスポンジで洗いよくすすぎます。
※ 無線LAN対応の機種の場合。その他の機種は取扱説明書をご覧ください。

 内鍋のさびや虹色・白い染みの汚れを落としたい。

 大さじ1の水に小さじ1程度のクエン酸（※）を溶かし（さびの場合はここに少量の塩を加える）、やわらかいスポンジに含ませてこすってください。
※ クエン酸は、薬局などで市販されているクエン酸（無添加、または99.5%以上）をお使いください。

 内鍋のにおいが気になります。

 内鍋に600mlの水を入れ（まぜ技ユニットや蒸し板を一緒に加熱する場合は、それらが浸かる程度）、レモン1個を8等分に切って加え、「手動→蒸す」で30分加熱してください。

 大切なホットクック！　月に1回程度、定期的にクエン酸でお手入れする日を作るのがおすすめです。

Q&Aについてもっと詳しい情報は、オフィシャルサイトをご覧ください。　https://jp.sharp/support/

素材別索引

🌱🍎 野菜・くだもの 🍎🌱

素材	ページ	料理名
あ アボカド	81	豆とセロリとアボカド＆グレープフルーツのマリネサラダ
えのきたけ	26	肉豆腐
か かぶ	41	真鯛のかぶら蒸し
かぼちゃ	52	かぼちゃのそぼろ煮
	79	かぼちゃ＆にんじんのツナサラダ
カリフラワー	57	カリフラワーのポタージュ
キャベツ	32	まるごとロールキャベツ
	39	鮭のみそチーズ蒸し
	68	具だくさん野菜スープキット
	79	キャベツのごまあえ
ぎんなん水煮	41	真鯛のかぶら蒸し
グレープフルーツ	81	豆とセロリとアボカド＆グレープフルーツのマリネサラダ
ごぼう	68	豚汁キット
小松菜	45	野菜とがんもの炊き合わせ
さ さつまいも	53	さつまいもの煮物
里いも	44	里いもとイカの煮物
さやいんげん	20	ポークケチャップ炒め
	25	ビビンバ風焼き肉＆ナムル
	37	エビのタイ風カレー
	46	具だくさんひじきの煮物
しめじ	39	鮭のみそチーズ蒸し
	68	豚汁キット
	41	真鯛のかぶら蒸し
じゃがいも	51	カレー風味のポテトサラダ
	57	カリフラワーのポタージュ
	57	にんじんのあらつぶしポタージュ
	57	ほうれん草のあらつぶしポタージュ
	68	具だくさん野菜スープキット
	79	温野菜のオーロラサラダ
	87	チーズフォンデュ
ズッキーニ	76	ラタトゥイユ
セロリ	35	鮭と千切り野菜の白ワイン蒸し
	81	チリビーンズ
	81	豆とセロリとアボカド＆グレープフルーツのマリネサラダ
た 大根	18	手羽元と大根の黒酢煮
	28	牛肉と大根の煮物
たけのこ水煮	27	チンジャオロースー

素材	ページ	料理名
玉ねぎ	14	鶏のトマト煮
	16	バターチキンカレー
	19	豚バラのルーローハン風
	20	ポークケチャップ炒め
	21	豚のしょうが焼き風
	22	黒酢酢豚
	24	ハッシュドビーフ
	29	まるごとミートローフバーグ
	30	肉シュウマイ
	32	まるごとロールキャベツ
	33	タコライスの素
	35	鮭と千切り野菜の白ワイン蒸し
	37	エビのタイ風カレー
	39	鮭のみそチーズ蒸し
	54	ミネストローネ
	57	カリフラワーのポタージュ
	57	にんじんのあらつぶしポタージュ
	57	ほうれん草のあらつぶしポタージュ
	60	鶏のトマト＆デミグラスシチューキット
	64	豚ヒレ肉のジェノベーゼ炒めキット
	65	まるごとピーマンの肉詰め煮キット
	66	ガパオライス風炒めキット
	67	煮込みミニハンバーグキット
	68	具だくさん野菜スープキット
	73	牛すき煮
	76	ラタトゥイユ
	81	チリビーンズ
トマト	54	ミネストローネ
	60	鶏のトマト＆デミグラスシチューキット
	76	ラタトゥイユ
な 長ネギ	15	ジューシー蒸し鶏
	17	鶏の照り焼き風
	23	豚肉と厚揚げのコチュジャンマヨ炒め
	26	肉豆腐
	31	つくね
	34	ネギそぼろ
	36	エビチリ
	40	金目鯛の煮付け
	43	真鯛の香味蒸し
	49	麻婆豆腐
	55	アサリの中華スープ
	63	和風マーボーなすキット
	68	豚汁キット

93

素材	ページ	料理名
なす……………………	47	なすの煮物
	54	ミネストローネ
	63	和風マーボーなすキット
	76	ラタトゥイユ
ニラ……………………	55	アサリの中華スープ
にんじん………………	22	黒酢酢豚
	25	ビビンバ風焼き肉＆ナムル
	35	鮭と千切り野菜の 白ワイン蒸し
	39	鮭のみそチーズ蒸し
	41	真鯛のかぶら蒸し
	45	野菜とがんもの炊き合わせ
	46	具だくさんひじきの煮物
	50	れんこんとにんじんの きんぴら
	51	カレー風味のポテトサラダ
	54	ミネストローネ
	57	にんじんの あらつぶしポタージュ
	60	鶏のトマト＆デミグラス シチューキット
	67	煮込みミニハンバーグキット
	68	具だくさん野菜スープキット
	79	かぼちゃ＆にんじんの ツナサラダ
	89	にんじん＆レーズン蒸しパン
は 白菜…………………	56	鮭と白菜の粕汁
	68	豚汁キット
バナナ…………………	90	バナナケーキ
パプリカ………………	27	チンジャオロースー
	62	豚薄切り肉＆ パプリカの塩麹キット
	66	ガパオライス風炒めキット
	76	ラタトゥイユ
ピーマン………………	14	鶏のトマト煮
	22	黒酢酢豚
	27	チンジャオロースー
	48	まるごとピーマンと 桜エビのごま油煮
	65	まるごとピーマンの 肉詰め煮キット
	66	ガパオライス風炒めキット
ブロッコリー…………	79	温野菜のオーロラサラダ
	87	チーズフォンデュ
ほうれん草……………	57	ほうれん草の あらつぶしポタージュ
ま マッシュルーム……	24	ハッシュドビーフ
	64	豚ヒレ肉のジェノベーゼ炒 めキット
もやし…………………	25	ビビンバ風焼き肉＆ナムル

素材	ページ	料理名
	43	真鯛の香味蒸し
	55	アサリの中華スープ
ら レーズン……………	89	にんじん＆レーズン蒸しパン
れんこん………………	46	具だくさんひじきの煮物
	50	れんこんとにんじんの きんぴら
	61	鶏とれんこんの マスタードソテーキット

🍖 肉・肉加工品 🍖

素材	ページ	料理名
牛 牛薄切り肉…………	24	ハッシュドビーフ
	25	ビビンバ風焼き肉＆ナムル
	27	チンジャオロースー
牛こま切れ肉………	26	肉豆腐
	28	牛肉と大根の煮物
牛もも肉（塊）……	86	ローストビーフ
牛切り落とし肉……	73	牛すき煮
合い びき 合いびき肉…………	29	まるごとミートローフバーグ
	32	まるごとロールキャベツ
	33	タコライスの素
	65	まるごとピーマンの 肉詰め煮キット
	67	煮込みミニハンバーグキット
	81	チリビーンズ
豚 豚薄切り肉…………	23	豚肉と厚揚げの コチュジャンマヨ炒め
	62	豚薄切り肉＆ パプリカの塩麹キット
	68	豚汁キット
豚肩ロース肉（塊）…	72	煮豚
豚しょうが焼き用肉…	20	ポークケチャップ炒め
	21	豚のしょうが焼き風
豚スペアリブ………	70	豚スペアリブの バーベキュー煮
豚バラ肉（塊）……	19	豚バラのルーローハン風
豚ひき肉……………	30	肉シュウマイ
	34	ネギそぼろ
	49	麻婆豆腐
	63	和風マーボーなすキット
豚ヒレ肉……………	64	豚ヒレ肉の ジェノベーゼ炒めキット
豚ロース肉…………	22	黒酢酢豚
鶏 鶏手羽元……………	18	手羽元と大根の黒酢煮
鶏ひき肉……………	31	つくね
	52	かぼちゃのそぼろ煮
	66	ガパオライス風炒めキット

素材	ページ	料理名
鶏むね肉	71	オリジナルサラダチキン
鶏もも肉	14	鶏のトマト煮
	15	ジューシー蒸し鶏
	16	バターチキンカレー
	17	鶏の照り焼き風
	60	鶏のトマト&デミグラスシチューキット
	61	鶏とれんこんのマスタードソテーキット
加工 ウインナー	87	チーズフォンデュ
ハム	51	カレー風味のポテトサラダ
ベーコン	32	まるごとロールキャベツ
	54	ミネストローネ
	68	具だくさん野菜スープキット

🐟 🐟 魚介・海藻 🐟 🐟

素材	ページ	料理名
あ アサリ	55	アサリの中華スープ
いわし	75	いわしのオイルサーディン
か カツオ	42	カツオの角煮
金目鯛	40	金目鯛の煮付け
さ 桜エビ	48	まるごとピーマンと桜エビのごま油煮
鮭	35	鮭と千切り野菜の白ワイン蒸し
	39	鮭のみそチーズ蒸し
	56	鮭と白菜の粕汁
さんま	74	さんまのやわらか梅煮
しらす	79	キャベツのごまあえ
スルメイカ	44	里いもとイカの煮物
た ちりめんじゃこ	81	大豆じゃこ
ツナ油漬缶	79	かぼちゃ&にんじんのツナサラダ
は ひじき	46	具だくさんひじきの煮物
ブリ	38	ブリの照り焼き風
ま 真鯛	41	真鯛のかぶら蒸し
	43	真鯛の香味蒸し
むきエビ	36	エビチリ
	37	エビのタイ風カレー

🧀 卵・乳製品・大豆製品・その他加工品 🧀

素材	ページ	料理名
あ 厚揚げ	23	豚肉と厚揚げのコチュジャンマヨ炒め
	46	具だくさんひじきの煮物

素材	ページ	料理名
油揚げ	56	鮭と白菜の粕汁
	68	豚汁キット
	77	いなり揚げ
あんこ	83	白玉小豆寒天
	83	あんバタートースト
か 寒天入りフルーツ缶	83	白玉小豆寒天
がんもどき	45	野菜とがんもの炊き合わせ
牛乳	29	まるごとミートローフバーグ
	57	ほうれん草のあらつぶしポタージュ
	57	カリフラワーのポタージュ
	57	にんじんのあらつぶしポタージュ
	87	チーズフォンデュ
	88	おおきなプリン
	90	バナナケーキ
金時豆	81	チリビーンズ
さ 食パン	83	あんバタートースト
白玉	83	白玉小豆寒天
白花豆	81	豆とセロリとアボカド&グレープフルーツのマリネサラダ
た 大豆	54	ミネストローネ
	81	大豆じゃこ
卵	19	豚バラのルーローハン風
	29	まるごとミートローフバーグ
	32	まるごとロールキャベツ
	67	煮込みミニハンバーグキット
	88	おおきなプリン
	89	にんじん&レーズン蒸しパン
	90	バナナケーキ
	91	チーズケーキ
チーズ	39	鮭のみそチーズ蒸し
	87	チーズフォンデュ
	91	チーズケーキ
豆腐	26	肉豆腐
	49	麻婆豆腐
な 生クリーム	16	バターチキンカレー
	57	ほうれん草のあらつぶしポタージュ
	57	カリフラワーのポタージュ
	57	にんじんのあらつぶしポタージュ
	91	チーズケーキ
は ホットケーキミックス	89	にんじん&レーズン蒸しパン

阪下千恵 Chie Sakashita

料理研究家・栄養士。大手外食企業、食品宅配会社を経て独立。子育ての経験を活かした、作りやすくて栄養バランスのよい料理が好評を博し、現在、NHKの『あさイチ』などのメディア出演をはじめ、書籍、雑誌、企業販促用のレシピ開発、食育講演会講師など多岐にわたり活躍中。著書に『料理のきほんLesson』『決定版 朝つめるだけ！作りおきのやせる！お弁当389』『栄養が溶け込んだ おいしいスープ』（いずれも新星出版社）、『友チョコもあこがれスイーツも！ はじめてのおかしレッスンBOOK』（朝日新聞出版）、『キッチンがたった1日で劇的に片づく本』（主婦と生活社）、『おとなのごはんと一緒に作れる子どものお弁当』『ひとりで作って、みんなで食べよ！はじめてのごはん』『楽しく作って、おいしく食べよ！だいすき♥おやつ』（いずれも小社刊）など多数。夫、2004年、2009年生まれの2人の女の子との4人家族。

 YOUTUBE チャンネル『MIKATA　KITCHEN』公開中
https://www.youtube.com/channel/UC3U7ukQOVvoBAgVVuGLqAIQ

毎日の
ホットクックレシピ

2019年12月20日　初版第1刷発行
2022年10月20日　初版第10刷発行

著者　　阪下千恵
発行者　廣瀬和二
発行所　株式会社日東書院本社
　　　　〒113-0033
　　　　東京都文京区本郷1-33-13　春日町ビル5F
　　　　TEL：03-5931-5930（代表）
　　　　FAX：03-6386-3087（販売部）
　　　　URL　http://www.tg-net.co.jp/
印刷所　三共グラフィック株式会社
製本所　株式会社ブックアート

本書の無断複写複製（コピー）は、著作権法上での例外を除き、著作者、出版社の権利侵害となります。乱丁・落丁はお取り替えいたします。小社販売部までご連絡ください。

スタッフ
企画・進行　　　鏑木香緒里
編集　　　　　　百日（http://100nichi.jp/）
ブック・デザイン　みうらしゅう子
撮影　　　　　　松島　均
スタイリング　　鈴木亜希子
調理アシスタント　宮田澄香
ライター　　　　松村大介
撮影協力　　　　UTUWA
　　　　　　　　　03-6447-0070
　　　　　　　　Madu（玉川高島屋S・C店）
　　　　　　　　　03-5797-3043
special thanks　Toshie.K
　　　　　　　　Masayo.O
　　　　　　　　Reina.S

協力　シャープ株式会社
〒590-8522
大阪府堺市堺区匠町1番地
お客様相談窓口
0120-078-178
https://jp.sharp/

【読者の皆様へ】
本書の内容に関するお問い合わせは、
お手紙または
メール info@TG-NET.co.jp
にて承ります。
恐縮ですが、お電話でのお問い合わせはご遠慮ください。

©Chie Sakashita 2019, Printed in Japan
ISBN 978-4-528-02272-0 C2077